DIE STAATSBIBLIOTHEK UNTER DEN LINDEN

DIE STAATSBIBLIOTHEK UNTER DEN LINDEN

EIN KOLLOQUIUM IN DER STAATSBIBLIOTHEK ZU BERLIN AM 11. JUNI 1997

Herausgegeben von
Gabriele Spitzer

VITTORIO KLOSTERMANN · FRANKFURT AM MAIN

ZEITSCHRIFT FÜR BIBLIOTHEKSWESEN UND BIBLIOGRAPHIE
SONDERHEFTE
Herausgegeben von Jürgen Hering

SONDERHEFT 69

Die Deutsche Bibliothek – CIP-Einheitsaufnahme

[Zeitschrift für Bibliothekswesen und Bibliographie / Sonderhefte]
Zeitschrift für Bibliothekswesen und Bibliographie. Sonderhefte. –
Frankfurt am Main : Klostermann.
Früher Schriftenreihe. - Früher angezeigt u.d.T.: Zeitschrift für
Bibliothekswesen und Bibliographie / Sonderheft
Teilw. u.d.T.: Zeitschrift für Bibliothekswesen und Bibliographie /
Sonderheft
Reihe Sonderhefte zu: Zeitschrift für Bibliothekswesen und
Bibliographie
ISSN 0514-6364

69. Die Staatsbibliothek Unter den Linden. – 1997
Die **Staatsbibliothek Unter den Linden** : ein Kolloquium in der
Staatsbibliothek zu Berlin am 11. Juni 1997 / hrsg. von Gabriele
Spitzer. – Frankfurt am Main : Klostermann, 1997
(Zeitschrift für Bibliothekswesen und Bibliographie : Sonderhefte ; 69)
ISBN 3-465-02974-7

Satz: Fotosatz L. Huhn, Maintal
Druck: Hubert & Co., Göttingen
Gedruckt auf alterungsbeständigem Papier ∞ ISO 9706
Printed in Germany

Inhalt

PODIUMSDISKUSSION

VORBEMERKUNG

Die Staatsbibliothek zu Berlin ist eine Bibliothek in zwei Häusern: dem Ihne Bau Unter den Linden und dem Scharoun Bau in der Potsdamer Straße. Das 1914 eröffnete Haus Unter den Linden , ein Ort des Geistes, der Wissenschaft und Kultur – es ist in seiner Existenz gefährdet.

Mehr als tausend Lernende und Lehrende sowie unzählige Wissenschaftler aus aller Welt besuchen täglich dieses traditionsreichste Bibliotheksgebäude Berlins. Das markante Haus mit seiner neobarocken Fassade und dem reizvollen Innenhof ist ein unverzichtbares Glied in der Kette der repräsentativen und historischen Bauten, die den Berliner Boulevard Unter den Linden so einzigartig gestalten. Von dem Berliner Architekten Ernst von Ihne geschaffen und 1914 eröffnet, ist der „Dom der Wissenschaft“ noch heute der größte historische Gebäudekomplex in der Mitte Berlins und steht zu recht unter Denkmalschutz.

Bemerkenswert und nicht nur für den Wissensdurstigen ein architekturästhetisches Erlebnis war der Kuppellesesaal der Bibliothek, der im II. Weltkrieg stark zerstört wurde. Die Ruine dieses Refugiums schöpferischen Denkens wurde von der Regierung der DDR vernachlässigt und 1975 sprengte man die Reste des Saales, sein Schicksal war damit besiegelt.

Als spezifischer Bibliotheksbau ist das Gebäude der Staatsbibliothek ausschließlich für die Anforderungen eines Bibliotheksbetriebes errichtet worden. Zwei Drittel des Gebäudekomplexes bestehen aus Büchermagazinen, denn hinter der Fassade verbergen sich in einzigartigen Regalkonstruktionen dreizehn Büchergeschosse. In einem kulturhistorisch bemerkenswerten Ambiente werden zahlreiche historische Bestände und Sondersammlungen aufbewahrt. Dieses Haus überstand die Bomben des II. Weltkrieges und die Kultur- und Wirtschaftspolitik der DDR.

Jetzt gilt es, dieses Haus planvoll und zukunftsweisend zu erhalten und zu rekonstruieren, damit die Staatsbibliothek zu Berlin ihre Aufgaben als Bibliothek in Zwei Häusern, als Deutschlands größte Universalbibliothek erfüllen kann.

Ein Kolloquium der Historischen Kommission zu Berlin und des Vereins der Freunde der Staatsbibliothek zu Berlin stellte die Staatsbibliothek zu Berlin in den Mittelpunkt und erörterte ihre kulturhistorische, bauhistorische und wissenschaftshistorische Bedeutung und ihre Aufgaben für die Zukunft.

Berlin, Juli 1997 Gabriele Spitzer

VORTRÄGE DES KOLLOQUIUMS

HELMUT ENGEL

Ernst von Ihne und seine Staatsbibliothek

Bei der Abneigung des Kaisers gegen Architekturwettbewerbe und bei seinem neubarocken Selbstverständnis, den von Friedrich I. in den Jahren um 1700 begründeten und in der Zeitmeinung des späten 19. Jahrhunderts durch Andreas Schlüter wesensbestimmten Schloßbezirk zum hoheitlichen Mittelpunkt seines Staates und seiner Stadt zu machen und dieser Mitte mit Neubauten sinnfälligen Ausdruck zu geben, mußte der Neubau einer Staatsbibliothek notwendigerweise dem Hofarchitekten Ernst von Ihne, dem „modernen Schlüter"[1], zufallen. Nicht zufällig war wohl auch, daß eine Staatsbibliothek erst unter Wilhelm II. ins Werk gesetzt wurde und der Kaiser getreu seiner Überzeugung – *Um Gotteswillen nur keine Konkurrenz*[2] – seinen Hofarchitekten beauftragen ließ.

Um und nach 1871 waren im liberalen Selbstverständnis der Reichsgründungszeit die medizinischen und naturwissenschaftlichen Disziplinen der Friedrich-Wilhelm-Universität – auch die Universitätsbibliothek – durch großzügige Neubauten gefördert worden, gipfelnd indessen im Neubau der Technischen Hochschule Charlottenburg – einem mächtigen und unübersehbaren Baukörper, aus Platzgründen vor den Toren der kaiserlichen Reichshauptstadt an städtebaulich repräsentativer Stelle errichtet. Seit dem Krankenhaus am Friedrichshain, somit seit den späten sechziger Jahren des 19. Jahrhunderts, waren die Krankenhausbauten sowie die Bauten der Infrastruktur der Stadt Berlin – von den Markthallen bis zum Centralen Vieh- und Schlachthof – unübersehbar im Stadtbild in Erscheinung getreten. Und unverkennbar auch spätestens seit dem 1871 von August Orth geplanten Straßen-

[1] Kaiserin Viktoria, die Mutter Wilhelms II., bezeichnet Ihne so; vgl. Oliver Sander: Bauzeichnungen im Archiv zur Geschichte der Max-Planck-Gesellschaft am Beispiel von Werken des Architekten Ernst Eberhardt von Ihne (1848-1917), Diplomarbeit Humboldt-Universität zu Berlin, Lehrstuhl für Archivwissenschaften, Berlin 1996 (Ms), S. 48 2.

[2] so Wilhelm II. bei einer Audienz für einen Ausschuß der Akademie der Künste im Jahre 1909, vgl. Oliver Sander, wie 1., S. 46f.

durchbruch der Kaiser-Wilhelm-Straße die beginnende Umwandlung des alten Berlin im historischen Straßenkreuz Spandauer Straße/Königsstraße in eine moderne Geschäftsstadt.

Andererseits: Die Projekte August Orths von 1875 für den Ausbau der Museumsinsel – mit und ohne Akademie der Künste – blieben trotz einflußreicher Fürsprache eines Anton von Werners an höchster Stelle auf der Strecke. Die Pläne für den Neubau des Staatsdomes im Umfeld des Schlosses wurden nicht verwirklicht. Ebensowenig hatte der Schinkel-Wettbewerb vom gleichen Jahr mit der Preisaufgabe „Neubau einer *Landesbibliothek für Berlin*“[3] Erfolg und führten auch nicht die Bemühungen der Staatsbürokratie zusammen mit dem neuen Generaldirektor der königlichen Bibliothek als treibender Kraft, Richard Lepsius, zum bereits dringend benötigten Neubau. Das liberale Jahrzehnt zwischen 1870 und 1880 war eher der Beförderung der naturwissenschaftlich-technischen Fächer aufgeschlossen.

Erst das ausgehende Jahrhundert schien mit einem neuen Bewußtsein für Staatsrepräsentation und Monumentalität, aber auch auf der Grundlage einer wirtschaftlichen Hochkonjunktur die Vorstellungskraft für den Neubau einer nationalen Bibliothek im Schloßbezirk des Kaisers und damit sichtbar im Zentrum des Staates zu finden – also nicht wie zeitweilig auch geplant ausgelagert nach Dahlem, wohin bereits der Botanische Garten und die königliche Materialprüfungsanstalt umgesetzt wurden, oder nach Charlottenburg, das die Technische Hochschule, die Hochschule der Künste, das Oberverwaltungsgericht und andere Behörden aufnahm. Die traditionellen Innenstadtstandorte waren für diese Einrichtungen ebenfalls durchweg zu klein geworden.

So verschlungen die Bauplanungen für das neue Haus der Staatsbibliothek selber auch waren und wurden, von einem bestimmten Zeitpunkt an stand fest, daß eine Nationalbibliothek in die Mitte der Stadt zu gehören habe.

I.

Die Rolle eines Beförderers der schönen Künste war Wilhelm II. regelrecht auf den Leib geschrieben. In seinem neubarocken Selbstverständnis war e r der Fürst, der „seinen“ Architekten die Bauaufgaben darbot. Die Befassung der kaiserlichen Majestät mit „seiner“ Bibliothek war zwangsläufige Folge von deren Geschichtsbild: *Von alters her haben Akademie und Bibliothek ihren Platz in nächster Nähe des Schlosses meiner Ahnen gefunden und von*

[3] 100 Jahre Schinkel-Wettbewerb. Festschrift des Architekten- und Ingenieur-Vereins zu Berlin 13. März 1955 mit einer Einleitung v. Paul Ortwin Rave, o. O., o. J. (1955), S. 30f.

diesen reiche Fürsorge erfahren. – so Wilhelm II. bei der feierlichen Einweihung der Staatsbibliothek am 22. März 1914.[4] Und so bedurfte es am 31. Dezember 1900 nur eines Telegramms, um den preußischen Kultusminister Studt für den 2. Januar 1901 zu einem Immediatvortrag auch *wegen Aufstellung eines Projektes für den Neubau der Königlichen Bibliothek hierselbst auf dem Akademieviertel durch den Geheimen Hofbaurath Ihne* zu bitten.[5] Denn für die Staatsbibliothek als konstitutivem Bestandteil des Schloßbezirks und damit der Hoheitsmitte von Staat und Stadt kam nur der Hofarchitekt des Monarchen infrage – einem Wettbewerbsergebnis konnte sich die Majestät des deutschen Kaisers natürlich nicht beugen. Mit dem Immediatvortrag des Kultusministers und der sich mutmaßlich anschließenden Festlegung der Auftragsvergabe an Ihne unterlief der Kaiser denn auch alle bereits für einen Wettbewerb getroffenen Vorbereitungen. Das Vorgehen Wilhelms II. mochte (und mag immer noch) als Intrige gewertet werden, doch es war einfach nur der konsequente Ausfluß eines monarchisch-hoheitlichen Selbstverständnisses, aus dem heraus der Kaiser als Inkarnation des Staates mit dem Neubau s e i n e r Staatsbibliothek zum Ausdruck brachte, *wie hoch wir die Geistesarbeit schätzen.*[6] Das waren mehr als nur rhetorische Bekundungen aus Anlaß einer Einweihungsrede, denn die Ikonographie des Haupteinganges Unter den Linden untersetzte diese Aussage: In den (heute abgearbeiteten) Medaillons über den drei Durchgängen erschienen in den der Mittelachse zugewandten äußeren Reliefs die historischen Beförderer der Bibliothek: der Große Kurfürst und Friedrich der Große, die sich ganz im Sinne eines Legitimationsbeweises durch die Blickwendung dem Bildnis des in der Mitte angebrachten letzten Bauherrn – Wilhelm II. – zuordneten. Das Relief im Giebeldreieck stellt Athena, der von zwei Männerfiguren als Personifikationen von Technik und Kunst gehuldigt wird[7], als Triumph des Geistes dar. Adolf Harnack, der als Generaldirektor der königlichen Bibliothek möglicherweise deren Bildprogramm entwickelt hatte, noch 1906 aus Anlaß einer Forderung zur Erhöhung des Etats: *Unterstützen wir nicht unsere Wissenschaft mit allen Kräften und in rastlosem Fortschritt, so fällt unsere Größe dahin.*[8] Die brandenburgisch preußischen Staatswappen erschienen dagegen

[4] Projekt Staatsbibliothek zu Berlin – Haus 1, Unter den Linden 8, Berlin-Mitte. Auftraggeber Bundesbaudirektion Fasanenstraße 87 in 10623 Berlin. Auftragnehmer Alexandra Restaurierungen, Büro für Bauforschung, Restaurierung und Architektur, Schloßstraße 16 in 14059 Berlin-Charlottenburg, Leistungen: Bauhistorische Untersuchung und denkmalpflegerisches Gesamtkonzept, Berlin, September 1993-April 1994 (Ms), S. 137.

[5] Gutachten Alexandra S. 104

[6] Gutachten Alexandra S. 137

[7] Berliner Tageblatt v. 11.4.1912 (Nr. 184; 1. Beibl.), S. 5 und andere Tageszeitungen vom gleichen Tage.

[8] frdl. Hinweis Oliver Sander.

erst über dem Zugang zum großen Lesesaal im ersten Hof. Die Staatsbibliothek – *die erste Bibliothek des Reiches* (so wurde sie in den Medien bezeichnet) – war somit nicht irgendein Bibliotheksbau einer wissenschaftlichen Institution wie der Universität, sondern sie war Ausdruck der Fürsorge des Staates für die Wissenschaften – in den Worten des Kaisers: für *die Geistesarbeit.* Die Geistesarbeit schienen Majestät denn auch eher zu schätzen als die vom Kaiser als eigensinnig empfundenen Künstler[9], denn deren Domizil schied aus Anlaß des Neubaus der Staatsbibliothek aus dem Schloßbezirk aus und wurde nach einem Umbau übrigens durch den gleichen Hofarchitekten an den überaus vornehmen Pariser Platz Richtung Charlottenburg verlagert.

Auf dem Neubau der Staatsbibliothek ruhte nicht nur die Aufmerksamkeit des Kaisers, sondern von Anfang an auch ein Erwartungsdruck der Öffentlichkeit, den die Deutsche Bauzeitung vom 4.11.1899[10] zum Ausdruck brachte: *Bemerkenswerth ist, dass diese Nachricht* – d. h. über den beabsichtigten Neubau der Bibliothek – *in dem Augenblicke bekannt wird, in welchem die Frage der Umgestaltung der Strasse „Unter den Linden“ wieder zur Berathung steht. Die beiden Dinge stehen in keinem unmittelbaren Zusammenhang und doch ist eine gegenseitige Einwirkung festzustellen. Es kann kein Zweifel darüber bestehen, dass der Theil der „Linden“, der zwischen der Universität und dem Pariser Platz liegt, durch die Geschäftshäuser von bisweilen recht zweifelhaftem Werthe, die ihn einsäumen, keineswegs den Charakter einer Fest- oder Siegesstrasse hat, der ihn nach den historischen Ereignissen zukommt.* – d. h zuletzt nach den Siegeseinzügen der Einigungskriege bis 1871. *Es wird bei der geplanten Umgestaltung dieser Strasse daher bedeutender künstlerischer Mittel bedürfen, die Aufmerksamkeit so von den Geschäftshäusern abzulenken, dass der ideale Eindruck der Siegesstrasse, wenn auch in begrenztem Umfang, zur Wirkung gelangt. Eine wesentliche Förderung würde dieses Bestreben erhalten, wenn es gelänge, dem geplanten Neubau der Bibliothek eine Art Ehrenhof vorzulegen, der sich ähnlich jenem der Universität, aber grösser als dieser, gegen die Linden zu öffnet und vielleicht Gelegenheit gäbe zur Aufstellung eines Denkmales. Hier könnte Grosses, hier könnte Ideales geschaffen werden.* Die Linden wurden in ihrer Funktion als Via triumphalis und als Feststraße des Deutschen Reiches begriffen, und angesichts der in der Zeitmeinung sehr beklagenswerten, weil ungemein verschiedenartigen Geschäftshausbauten aus der liberalen Zeit der Reichsgründung sollte nun mit einem neuen städtebau-

[9] Wilhelm als Kronprinz am 27. April 1888 bei einem Besuch im Bildhaueratelier von Begas: *Wie eigensinnig diese Künstler sind!*, vgl. *National-Zeitung* Nr. 253 (28.10.1913) zu den Erinnerungen der Prinzessin Uruffoff; der Kommentar der Prinzessin: *Er* [d. h. Kronprinz Wilhelm] *ist ein richtiger Autokrat in seiner äußeren Unbeugsamkeit.* Frdl. Hinweis Oliver Sander

[10] DBZ 33. Jg. (1899), S. 556. Frdl. Hinweis Oliver Sander.

lich-monumentalisierenden Verständnis den Linden der angemessene Ausdruck einer Staatsstraße gegeben werden, wozu der Neubau der Staatsbibliothek eben mit beizutragen habe - möglichst mit einer cour d'honneur und einem Denkmal.

II.

Der Planungsbeginn der Staatsbibliothek fiel in eine Zeit des architektonischen Umbruchs. 1896 war Ludwig Hoffmann zum Stadtbaurat von Berlin gewählt worden, wobei seine Wahl von den Stadtverordneten in dem Bewußtsein geschehen war, daß mit den künftig zu errichtenden Bauten der Stadt Berlin nun endlich ein künstlerischer Anspruch durchgesetzt werden möge, den man inzwischen bei dem Amtsvorgänger Hoffmanns, dem seit 1872 amtierenden Hermann Blankenstein, zunehmend vermißt hatte. Und 1896 war mit dem Bau des Nobel-Kaufhauses Wertheim in der Leipziger Straße nach dem Entwurf von Alfred Messel ein entscheidender Durchbruch zur Moderne in der Architektur gelungen – eine Moderne, gegen die wiederum der Kaiser Front zu machen nie aufhörte aufzufordern.

Mit Messels Wertheim wurde zusätzlich zur Industriearchitektur der kompromißlose Pfeilerbau auch für den gewissermaßen privaten „Prachtbau" begründet, der sich von den Zonierungen der bisher traditionellen Fassadenaufbauten verabschiedete. Ähnlich konsequent wie der Wertheim-Bau wurden die zeitgleichen Geschäfts- und Kaufhäuser von Otto March und Kayser & v. Grozsheim entlang der Rosenstraße konzipiert.

Eine Art Umbruch war aber auch andeutungsweise im Werk des kaiserlichen Hofarchitekten zu verspüren: Die Fassade des Marstalles, den Ihne ab 1896 ins Werk setzte, war mit gebändertem Sockelgeschoß und gegliederten Obergeschossen sowie der Anordnung von Mittel- und Seitenrisaliten in ihrem Gesamtaufbau traditionellen Mustern verhaftet. Mit seinem nächsten Werk, dem Kaiser-Friedrich- Museum, beschritt Ihne ab 1898 neue Wege, selbst wenn diese vielleicht durch die Besonderheit des spitzwinkligen Bauplatzes zwischen zwei Wasserläufen vorgeprägt worden waren. Entlang des Kupfergrabens verzichtete der Architekt auf einen Mittelrisalit und ließ die regelmäßige Abfolge der Pilaster die lange Front ebenso beherrschen, wie es die Pfeiler Messels am Kaufhaus Wertheim oder die Mauerpfeiler in den Fassaden der Bürohäuser in der Rosenstraße taten, mochten sich hinter dem Formenvorrat des Ihne'schen Fassadaufbaus selber noch Reminiszenzen an friderizianische Architektur verbergen. Daß auch Ihne die Entwicklung der Zeit erkannt hatte, belegte spätestens der Vergleich seiner Kuppel über dem

Haupteingang des Museums mit der Kuppel des benachbarten Domes. Bei Raschdorf eine Fülle von Zierraten in Verbindung mit einer vertikal ausgerichteten Grundform, bei Ihne unter Verzicht auf jegliche Dekorationsfülle schon die Reduzierung des Kuppelkörpers selber auf ein einfaches Motiv. Gegenüber der Moderne eines Messels unterschieden sich bei Ihne nur die Dekorationsformen – es mußten die Formen des offiziellen Staatsbarocks sein. Doch dessen Detail verriet wie bereits die Kuppel die Tendenz einer neuen Entwicklung: Die historischen Einzelformen begannen kantig-kubisch zu werden wie beispielsweise die Quaderung des Sockelgeschosses.

Bereits der Marstall hatte Ihne mit einem Problem konfrontiert: Mit der Unterbringung eines großen Nutzungsvolumens in einem durch Bauflucht und Traufenlinie mehr oder weniger festgelegten Baukörper, was dazu führen mußte, innerhalb eines historischen Formenrepertoires niedrigere Zwischengeschosse einzuführen, nicht zuletzt deshalb, weil mit den traditionellen Gliederungssystemen eine vermehrte Anzahl von mehr oder weniger gleich hohen Stockwerken künstlerisch einfach nicht mehr befriedigend zu bewältigen war. Und zusätzlich zum Problem künstlerisch-architektonischer Bewältigung größer werdender Nutzungsvolumina war in der Zeit der Jahrhundertwende unausweichlich die Auseinandersetzung mit der Moderne angelegt.

Neben den anderen ersten Bauten Ludwig Hoffmanns für die Stadt Berlin bedeutete sein Märkisches Museum, wenn auch erst 1902 im Bau begonnen, doch bereits unmittelbar nach seiner Berufung zum Stadtbaurat konzipiert, den ersten Höhepunkt eines Berliner Heimatstiles, der gleichwohl im Zeitverständnis modern war. Unter Preisgabe des bis dahin üblichen Bautypus für ein Ausstellungsgebäude – einem Baukörper mit um einen zentralen Lichthof ausgerichteten Räumen – entstand eine im äußeren Erscheinungsbild malerische Bautengruppe, in deren einzelnen Flügeln mit jeweils unterschiedlicher historisch-stilistischer Ausbildung die einzelnen Schausammlungen aus den immer entsprechenden Geschichtsepochen untergebracht waren. Die Zeitstellung des in ihnen ausgestellten Museumsgutes sollte also im Formenapparat der Außenarchitektur ihre Entsprechung finden. Dieses deutlich erkennbare Zerlegen des Baukörpers in seine einzelnen Ausstellungs-, d. h. Funktionsbereiche und somit das Spiegeln von Inhalt in der Erscheinungsform war in der Zeitmeinung modern. In der gestalterischen Qualität modern war auch, daß ganze Fassadenbereiche unter Verzicht auf eine akademisch formale Untergliederung flächig gehalten und die Fenster in die Flächen lediglich eingeschnitten wurden.

Nach der Selbstbekundung Hoffmanns sollte das Museum ein „Stimmungsmuseum“ werden, wer es besuche, solle sich wie in „Alt-Berlin“ fühlen – ein vielleicht noch nicht einmal nachtrauernder Tribut gegenüber der Moderne, die gerade eben dieses historische Berlin restlos zu zerstören begann. Aber so wie mit dem Märkischen Museum Hoffmanns das alte Berlin nachempfunden werden sollte, ebenso sollte der „moderne Schlüter" Ihne mit der Assoziation der von ihm errichteten Staatsbauten die Gründungszeit des Königreiches Preußen und damit die Schwelle der Staatswerdung und folglich den Staat der Jahrhundertwende ins Bewußtsein rücken.

III.

Einen Vorentwurf zur Bibliothek legte Ihne im Dezember 1901 vor, ein Jahr nach dem denkwürdigen Telegramm, mit dem der Kultusminister zum Rapport beim Kaiser bestellt worden war. Aufgrund der am Vorentwurf angebrachten Kritik überarbeitete Ihne sein Projekt bis zum 30. Juni 1902. Zu diesem Entwurf nahm dann die Akademie des Bauwesens am 15. September Stellung. Zwar wurde dem kaiserlichen Hofarchitekten bescheinigt, es sei ihm gelungen, der Gesamtanlage generell im äußeren Erscheinungsbild *Monumentalität und Einheitlichkeit zu geben* – gleichwohl begann sie auch hier Empfehlungen an die Adresse des Hofarchitekten zu formulieren; an den funktionalen Erfordernissen und an der Architektur des großen Lesesaales wurde dagegen regelrecht Kritik geübt, die in Verbindung mit den Empfehlungen zur Außenarchitektur zu einer weiteren, in Teilen offensichtlich einschneidenden Überarbeitung führte. Diese mußte im Frühjahr 1903 so weit gediehen sein, daß Ihne im Februar eine Bauablaufplanung vorlegen konnte. Danach sollten zwei Bauabschnitte gebildet werden – ein nördlicher Bauabschnitt, bei dem das alte, an der Straße Unter den Linden gelegene Haus zunächst erst einmal stehen blieb, und der nachfolgende zweite Bauabschnitt, mit dem der Neubau bis an die Linden fortzuführen war. Für den ersten Bauabschnitt mit einem Baubeginn am 1. Juli 1903 sah der Zeitplan die Fertigstellung des Rohbaues zum 1. April 1906 und die Vollendung des Ausbaus am 1. Juli 1907 vor. Der zu den Linden gelegene Bauabschnitt sei bis zum 1. Juli 1907 im Rohbau und bis zum 1. Oktober 1908 im inneren Ausbau fertigzustellen. Ausbau des ersten Abschnittes und Rohbau des zweiten Abschnittes sollten also zeitgleich erfolgen.[11]

Die Bauleitung übertrug man Ihne indessen wohlweislich nicht, zum Bauleiter wurde vielmehr der Regierungs- und Baurat der königlichen Ministerial-Baukommission Anton Adams bestimmt.

Der Einfluß des Bauleiters mußte bei einem solchen Großbauvorhaben um so bestimmender werden, als der Architekt mit seinen Entwurfsarbeiten für

[11] Die Darstellung der Baugeschichte folgt den Darstellungen des Gutachtens Alexandra

die Ausführungsplanung entweder nicht nachkam oder sie sogar bewußt verzögerte. So verweigerte Ihne bereits zu Beginn der Bauarbeiten im Jahre 1903 wegen Unklarheiten in der Honorarberechnung über ganze drei Monate die Bearbeitung der Ausführungsplanung. Der Hofarchitekt nahm – des ungebrochenen Wohlwollens seines hohen Auftraggebers allzeit sicher – Zeit- und damit Bauverzögerungen offensichtlich gelassen in Kauf. 1910 kam es schließlich zwischen dem für das Einhalten des Zeit- und Kostenrahmens verantwortlichen Bauleiter und Ihne als für die termingerechte Zulieferung der Ausbaupläne verantwortlichen Architekten zum offenen Bruch – Ihne hatte sich im Sommer und Herbst 1909 nicht in Berlin aufgehalten und um den Fortgang der Ausführungsplanung für die Bibliothek nicht gekümmert. Der Bau hätte 1910 nach der ursprünglichen Zeitplanung ohnehin schon zwei Jahre zuvor vollendet gewesen sein müssen. Den durch den Architekten verschuldeten Bauverzögerungen konnte augenscheinlich nur dadurch abgeholfen werden, daß der Bauleiter nun seinerseits notgedrungen selber begann, die Bauausführungszeichnungen zu entwerfen und Ihne spätestens seit 1909 in die Rolle ausschließlich einer Art künstlerischen Oberleiters drängte. Adams in einem Aktenvermerk: *Allerdings habe ich hierbei nicht vermeiden können, Herrn Geheimen Ober- Hofbaurat von Ihne die Erklärung abzugeben, dass ich die Räume nördlich von Hof I nach meinen Vorschlägen ausführen werde. Letztere sind von dem wirklichen Geheimen Ober-Baurat Herrn Dr. Thür und auch seitens der königlichen Bibliothek als für die Ausführung geeignet beurteilt worden.*[12] Deutlicher konnte man dem Architekten des Kaisers nicht mehr zu verstehen geben, daß er sich das Wohlwollen der dem Bauleiter vorgesetzten Dienstbehörde und auch das Vertrauen der Leitung der königlichen Bibliothek verscherzt hatte. Voll Anerkennung wurde denn auch in den Nachrufen auf den 1915 verstorbenen Adams bemerkt, daß die Kuppel über dem großen Lesesaal dessen ureigenes Werk gewesen sei. Der Anteil von Adams an der Innenarchitektur war indessen weit umfangreicher.

IV.

Auf die Brüskierung eines Bauleiters reagierte Ihne 1910 offensichtlich schon nicht mehr – mutmaßlich war er für seinen kaiserlichen Fürsprecher bereits mit den Vorplanungen der Bauten der Kaiser-Wilhelm-Gesellschaft in Dahlem beschäftigt, für die er bereits vorher durch Althoff empfohlen worden war.[13]

12 zit. nach Gutachten Alexandra S. 131

13 Oliver Sander, wie 1., S. 84-108.

Die Auslassungen der Akademie des Bauwesens von 1903 hatte Ihne dagegen nicht mehr oder weniger stillschweigend übergangen, sie waren augenscheinlich eine an den Berufsstolz gerichtete Herausforderung gewesen.

Der Hof I – die bereits 1899 geforderte cour d'honneur der Bibliothek – sollte schon 1902 von insgesamt fünf Geschossen umgeben werden. 1902 hatte Ihne für alle vier Fassaden des Hofes eine Mittelachsenbetonung mit Eingängen in den Seitenfassaden (, die später entfielen) und als übergreifendes Gliederungselement eine Folge von Kolossalpilastern vorgesehen, die ein in gleicher Höhe um den Hof umlaufendes Gebälk trugen; auf diesem Gebälk saß das fünfte Geschoß auf. In der Abfolge der Stockwerke von unten nach oben dominierten nach Höhe und architektonischem Rahmenwerk der Fenster deutlich die beiden mittleren Stockwerke. In der ausgeführten Fassung wurde sehr wahrscheinlich infolge geänderter Funktionszusammenhänge im Inneren die Stockwerksfolge erheblich geändert, wichtiger aber noch, daß die herkömmliche Großgliederung mit Pilastern und eigenen Mittelrisaliten in den seitlichen Fassaden entfallen war und das Erscheinungsbild des Hofes insgesamt wesentlich ruhiger ausgebildet wurde. Der Anteil an Fläche hatte sich merklich erhöht, sodaß die Fenster bei aller straffer vertikaler Zusammenfassung der einzelnen Achsen doch wie in eine Wand eingeschnitten wirken konnten. Hinter der Dachbalustrade war es schließlich möglich, die Fenster des ausgebauten Dachgeschosses zu verbergen – das Nutzungsvolumen hatte gegenüber dem Stand von 1902 noch weiter zugenommen. Unbeschadet der diese funktionalen Veränderungen auslösenden Ursachen hatte sich Ihne in seiner künstlerischen Haltung aber auch zu einer Entwurfshaltung hin zum Einfacheren entwickelt; so zeigen denn die Fensterumrahmungen ein neuartiges System von Unterfütterungen und Rahmenauflagen und keine akademischen Motivgruppen oder Profilabfolgen mehr, die Details werden wie auch die Rahmen selber hin zu geometrischen Grundformen bestimmt. Zweifelsfrei hat sich Ihne hier in die zeitgenössischen Tendenzen der Moderne um Alfred Messel einbinden lassen und eine bereits im Kaiser-Friedrich-Museum erkennbare Entwicklung fortgesetzt.

Daß diese Veränderungen einem Wandel in der künstlerischen Auffassung folgten, belegt auch der Vergleich zwischen den Durchgangshallen von den Linden in den Hof I aus dem Entwurf von 1902 und der nachfolgenden Ausführung. In der Ausführung keine kassetierten, parallel nebeneinander liegenden und der Laufrichtung des Passanten folgenden Tonnen, sondern eine einzige große, in den Flächen ihrer Wölbung ornamentlos und damit ruhig gehaltene Quertonne, das Gebälk über den Doppelstützen ohne detailreiche Triglyphen, die jetzt größeren seitlichen Stirnflächen der Durchgangshalle mit einem zentralen mittleren Eingang jeweils zur Generalverwaltung und zur

Akademie der Wissenschaft anstelle einer ehemals dreiachsigen Wandaufgliederung. Die Eingänge waren jetzt erforderlich geworden, weil die beiden Eingänge im Hof I entfallen waren. Wie die Fassaden von Hof I belegt also auch die Durchgangshalle im Vergleich zum Planungsstadium von 1902 die stilistische Weiterentwicklung.

Gerade diese Durchgangshalle dokumentiert nun im Vergleich mit dem auf den Hof I folgenden weitläufigen Treppenaufgang zum Großen Lesesaal die unterschiedlichen Entwurfshandschriften von Ihne und Adams, denn die Räume nördlich dieses Hofes stammten laut Bekundung des Bauleiters von ihm und nicht mehr vom kaiserlichen Hofarchitekten. Der königliche Regierungs- und Baurat Adams war indessen auf dem Stand des Ihne'schen Entwurfes von 1902 stehengeblieben, er hatte noch nicht einmal den Stand, den Ihne offensichtlich 1903 erreicht hatte, begriffen. Bei Adams anders als bei Ihne: Die Tonne über dem Treppenaufgang in Laufrichtung angeordnet, die Tonne selber voll kassetiert, das Gebälk akademisch detailreich korrekt, die Oberflächen der Säulenschäfte kleinteilig aufgelöst in Kanneluren und Wülste und eben nicht wie bei Ihne als kompakte Trommeln empfunden. Der Treppenaufgang selber im Verhältnis zu den beiden seitlichen Durchgängen, die immerhin zur Ausleihe führten, zu breit. Das Pompöse überwog das Notwendige. Das Gleiche im Anschluß an den Aufgang in der Verteilerhalle – auch hier vielfältiger Detailreichtum in akademischer Genauigkeit statt erkennbare Rücknahme hin zum Einfachen. Die gleiche Handschrift zeigte auch der große Lesesaal, dessen Gewölbe sogar gesichert auf Adams zurückgeht. Daß der große Lesesaal selber als Typus ein Entwurf Adams ist, kann beim derzeitigen Stand der Forschung nur vermutet werden – jedenfalls war er im Ihne'schen Entwurf von 1902 in dieser Form nicht vorhanden, er hatte zu diesem Zeitpunkt eine gänzliche andere Grundform und nahm eine völlig andere Anordnung im Gebäudegefüge ein – augenscheinlich als weiter Saal mit Oberlichtbeleuchtung im letzten Obergeschoß – und war über ein Treppenhaus und nicht über die hoheitsvolle Annäherung über eine Wegeachse zu erreichen.[14]

[14] Trotz aller bisherigen Untersuchungen steht eine Baugeschichte der Staatsbibliothek im engeren Sinne noch aus. Von Interesse wären dabei auch nicht nur eine Darstellung des sich über Jahre hinziehenden Bauablaufes einschließlich der Gründe für die eingetretenen Verzögerungen und seiner Planungsänderungen sowie auch die Unterscheidung der unterschiedlichen Anteile der Entwurfsverfasser beispielsweise in Abhängigkeit vom Bauablauf, sondern von entscheidender Bedeutung wäre auch die Aufklärung, ob sich tatsächlich in Zusammenhang mit der Konzeption des Großen Lesesaales ein solcher grundsätzlicher Bruch für den Funktionsablauf des Hauses nach 1902 vollzogen hat, der hier zunächst fast nur behauptet werden kann. Die hier vorgebrachte Annahme stützt sich dabei auf den Lageplan von 1902 (vgl. Gutachten Alexandra Bd. 2, Abb. V. 1), der eine abweichende Anordnung für die Höfe angibt, sowie den Abb. V. 2 wiedergegebenen Teil-Längsschnitt durch den Hof I und den im zeitgleichen Lageplan nicht näher ausgeführten Binnenbereich zwischen den Höfen. Der Längsschnitt durch diesen inneren Bereich der Bibliothek läßt

Ein Adams war eben kein Ihne. Und könnte man es vielleicht Ihne verdenken, wenn er die Lust an der Zusammenarbeit mit einem möglicherweise auch künstlerisch besserwissenden Bauleiter verloren hatte? Den Bauleiter über den Ihne stets wohlgesonnenen Kaiser zur Ordnung rufen zu lassen hatte der Hofarchitekt denn wohl doch nicht unternommen. Daß Ihne letztlich die Lust an der Bauaufgabe verloren hatte, weil sein Architektenehrgeiz nicht an der schließlich durchgesetzten Form des Lesesaales hing – die vielleicht sogar der Kaiser favorisierte, kann hier nur spekulativ angenommen werden. Und mutmaßlich waren die Fassaden des Hauses – die Straßen- wie die Hoffassaden – bereits zu Baubeginn 1903 fertig entworfen.

V.

Die Überarbeitung aufgrund des Votums der Akademie für Bauwesen läßt sich wegen der vielen Unklarheiten in Bauablauf und Entwurfsbearbeitung gegenwärtig noch nicht in vollem Umfang beurteilen, dargestellt werden kann aber die künstlerische Leistung des Ihneschen Entwurfes für den Außenbau und die Höfe, wie sie tatsächlich den Ausführungen des 1. und 2. Bauabschnittes zugrunde gelegt worden ist.

Zu den schwierigsten Herausforderungen für den Entwurf stellte sich die gestalterische Bewältigung der unterschiedlichen Funktionsbereiche im äußeren Erscheinungsbild des Hauses gegenüber dem öffentlichen Raum bei festgelegter Traufenhöhe dar, vor allem der Geschosse für die Büchermagazine; von dieser Entwurfsaufgabe ausgehend konnte ihm die Akademie des Bauwesens bescheinigen, tatsächlich die Geschlossenheit des Baukörpers im Erscheinungsbild erreicht zu haben, wobei das Einfügen der Benutzersäle in die Risalite der Seitenstraßen keine entwurflich-funktionale Herausforderung bedeutet haben dürfte, erst recht nicht der Entwurf für den Eingang zur Universitätsbibliothek in der Dorotheenstraße.

Für die Regelachse der Fassade außerhalb von Eingängen und Risaliten wählte Ihne oberhalb des rustizierten Sockelgeschosses eine Art Rahmensystem, bestehend aus vertikalen Vorlagen, dem umlaufenden Dachgebälk und dem oberen Abschluß des Sockelgeschosses. In diese eingegrenzte Fläche wur-

ein Treppenhaus über zwei Geschosse und nach innen folgend einen gleiche Höhe einnehmenden „Lichthof" mit Umgang erkennen. Beginnend mit dem Lichthof ist oberhalb ein großer Saal mit umlaufenden Galerien (für die Handbibliothek?) angeordnet, der im Hinblick auf seine Größe dann der Lesesaal gewesen sein könnte, für den als Typus der Lesesaal der Pariser Bibliothèque Nationale das Vorbild abgegeben haben könnte. Aus Anlaß eines Besuches in den Vereinigten Staaten im April 1907 besichtigte Ihne in Washington die Bibliothek, frdl. Hinweis Oliver Sander.

den die Fenster so außerordentlich knirsch einbeschrieben, daß sie in ununterbrochener vertikaler Anordnung – wie untereinander verkettet und durch den Rahmen insgesamt gehalten – erscheinen. Dieses System der Einfassung einer Fensterachse war für Ihne so zwingend, daß er es auch noch beim zweiten Bauabschnitt beibehielt, als es galt, gewissermaßen den repräsentativen Kopfbau zu den Linden hin zu entwickeln und selbst wenn hier seitlich der Fensterachse mehr Wandfläche zur Verfügung stand. Auch bei der noch größeren Wandhaltigkeit der Fassaden von Hof I behielt Ihne die Systemachse bei. Bei diesem Hauptmotiv vollzog sich vom 1. zum 2. Bauabschnitt ebenfalls eine wenn auch kaum auffallende Entwicklung zur Vereinfachung: Die seitlichen, nur im Relief erscheinenden Konsolen entfielen jetzt, wodurch die Achse noch straffer in die Vertikale gebracht wurde.

In den Nebenhöfen wurde die Lösung der Fassaden kaum durch konventionelle Grundmuster, durch Traufenhöhen und sichtbare Dachflächen sowie Höhenbegrenzungen eingeengt – solchen entwurflichen Konventionen mußte der Architekt nur in den Straßenfassaden Tribut zollen. In den Nebenhöfen konnte Ihne dagegen die Vertikalität von Pfeilerfassaden in den Magazinbereichen uneingeschränkt zum Ausdruck bringen.

Mit seinen Fassadensystemen sowohl für die Straßen- wie die Hoffronten lag Ihne insgesamt in der fortschrittlichen Architekturentwicklung der Reichshauptstadt.

Mutmaßlich war es Alfred Messel, der diesem neuen Typus einer Fassadengliederung zum ersten Mal mit der Nationalbank für Deutschland in der Behrenstraße und dem Kunstauktionshaus Schulte Unter den Linden/Ecke Neue Wilhelmstraße entscheidend zum Durchbruch verholfen hatte. 1903 begann der Bau von Messels Landesversicherungsanstalt Am Köllnischen Park gegenüber dem Märkischen Museum seines Freundes Ludwig Hoffmann. Bei allen drei Messelschen Bauten dominierten die vertikalen Vorlagenbänder, die weit über die Abstraktion von Pilastern hinausgetrieben waren, und mit denen die Obergeschosse zusammengefaßt wurden. Bei der Landesversicherungsanstalt verzichtete Messel sogar auf ein Sockelgeschoß, sodaß die ohnehin in einem anderen Material gehaltenen Pfeiler optisch ohne Unterbrechung bis unter den Gesimskasten durchgehen konnten. Möglicherweise vorbildhaft für Ihne hatte Messel Fensteröffnungen und Brüstungen aus Naturstein zwischen die Pfeiler der Landesversicherungsanstalt nur noch wie eingehängt erscheinen lassen.

Spätestens mit den Fassaden der inneren Bibliothekshöfe, an denen die Büchermagazine mit ihren knappen Geschoßhöhen unmittelbar anliegen, setzte sich Ihne vorbehaltslos mit dieser modernen Fassadenstruktur auseinander. Die Hoffassaden waren moderner als die Straßenfassaden.

Als der Kaiser am 15. Mai 1905 dem Entwurf zum Neubau des Hotels Adlon am Pariser Platz seine Zustimmung erteilte, konnte die Öffentlichkeit gewissermaßen offiziell zur Kenntnis nehmen, daß Wilhelm II. diese Entwicklung der neuesten Baukunst sogar an seiner Prachtstraße akzeptiert hatte, denn das Adlon benutzte, wenn auch nicht auf der gleichen künstlerischen Entwurfshöhe, die Fassadenelementierung des benachbarten Schulte'schen Kunstauktionshauses. Und weiterhin bewirkte Wilhelm II. mit seiner Kritik am Entwurf Bruno Pauls für das Büro- und Geschäftshaus „Zollernhof" Unter den Linden mehr oder weniger unbewußt, daß 1910 auf der Grundlage des gleichen Fassadensystems nun eine noch modernere Ausformulierung im Fassadenaufbau entstand. Mit der Staatsbibliothek hatte Ihne seinem kaiserlichen Bauherrn also keine architektonische Konterbande untergeschmuggelt. Andererseits belegt diese Entwicklung in der Bebauung Unter den Linden, daß der Entwurf für den Kopfbau der Staatsbibliothek tatsächlich bereits 1903 abgeschlossen vorlag.

Ihne hatte die aktuelle Entwicklung der architektonischen Moderne in der Stadt ganz offensichtlich gekannt und folgte ihr sogar, aber eben als kaiserlicher Hofarchitekt war er an die Ausdrucksformen einer Hoheitsmitte gebunden. Deutlich war darin auch eingeschlossen, daß die Staatsbibliothek kein ebenfalls im äußeren Erscheinungsbild sichtbarer Funktionsbau werden konnte wie beispielsweise die kurz zuvor entstandene Universitätsbibliothek in Marburg.[15]. Diese Bedeutung als Staatsbibliothek dürfte andererseits aber auch der Grund dafür gewesen sein, daß der Planungsstand von 1902 mit seinen augenscheinlich noch anderen Funktionszusammenhängen schließlich zugunsten der Hoheitsform eines Pantheons als Lesesaal und seines würdevollen Zuganges abgelöst wurde.

Das nun notwendigerweise zu ziehende Fazit aus den vielleicht ansatzweise erkennbar gewordenen Verflechtungen von moderner und konservativer Architektur in Verbindung mit einer Baukunst, die Hoheitsansprüche verdeutlichen soll, reizt zwar ungemein, wäre in unserem Zusammenhang auszuführen aber fehl am Platze. Für unsere Erörterungen ist es nur notwendig festzustellen, daß die Staatsbibliothek in die Mitte der Stadt gehörte und aus den von uns als verpflichtend empfundenen Bindungen an Geschichte und Struktur der Berliner Stadtmitte auch weiterhin dahin gehört.

[15] 325 Jahre Staatsbibliothek in Berlin. Das Haus und seine Leute – Buch und Ausstellungskatalog, Wiesbaden 1986

FLORIAN MAUSBACH

Die Staatsbibliothek Unter den Linden – größter historischer Gebäudekomplex in Berlin-Mitte – Ein Zustandsbericht

Es war einmal ein ehrgeiziger König. Der ließ seinen Hofarchitekten rufen und zeigte ihm ein großes Grundstück in der Nähe seines Schlosses. „Baue mir hier“, sprach der König, „in der Mitte der Hauptstadt eine große Schatzkammer, in der das Wissen des ganzen Reiches gesammelt werde.“ Und so errichtete der Hofarchitekt einen Palast der Wissenschaft, so groß, wie ihn die Welt kaum gesehen hatte.

Von der Feststraße des Reiches trat man ein durch einen Säulenportikus und eine Torhalle in einen efeuberankten Brunnenhof.

Eine breite Freitreppe unter einem Tonnengewölbe führte hinauf zu einem prächtigen Vestibül.

Hier öffnete sich dem sprachlosen Besucher eine große Schwingtür zum Mittelpunkt und Höhepunkt des Palastes, dem gewaltigen Rund des Kuppellesesaals, der auf acht mächtigen Pfeilern ruhte.

Doch der Ehrgeiz des Königs brachte Unfrieden über das Land und seine Nachbarn. Und noch größeres Unheil folgte. Erst brannten Bücher, dann Häuser, dann Menschen. Am Ende war auch die Schatzkammer des Geistes zerstört und die große Kuppel eingestürzt.

Das Reich wurde zerteilt und die Hauptstadt durch eine hohe Mauer in zwei Hälften getrennt. Leid und Unheil hatten die Menschen erschüttert und in beiden Teilen des Landes den Wunsch geweckt, aus den Ruinen eine bessere Welt aufzubauen.

Die Schätze des Wissens waren in alle Winde zerstreut. Sie wurden nun gesondert in Ost und West gesammelt. Die Schatzhüter im Osten richteten Teile des alten Palastes notdürftig wieder her. Im Westen, auf der anderen Seite der Mauer, wurde eine neue Schatzkammer des Wissens errichtet durch die Hand eines berühmten modernen Zeltbaumeisters.

Als Gott sah, wie die Menschen sich um Besserung mühten, war er gerührt. Ein Wunder geschah. Die trennende Mauer wurde niedergerissen und die Menschen aus Ost und West umarmten sich. Auch die Hüter der Schatzhäuser des Wissens. Sie gelobten, die Schätze der Weisheit fortan gemeinsam zu sammeln und in beiden Schatzkammern sicher aufzubewahren. Eins und eins ist eins, hieß das Gelöbnis. Und man machte sich gemeinsam ans Werk. So schien alles ein gutes Ende zu finden.

Doch als man daran ging, den alten Palast des Wissens wieder aufzubauen, traten Zauderer auf und Zauberer. Ein Zauberer und Rechenkünstler hob mahnend den Finger und sprach: „Eins und eins ist zwei. Und eins ist zwei weniger eins." Und er schwang seinen Zauber- und Rechenstab und wollte mit seinem Zauberspruch den alten Wissenspalast vom Erdboden vertilgen. Da aber erhoben sich alle Schatzhüter des Wissens in Ost und West, in Nord und Süd und versammelten sich im großen Festsaal des Palastes der Weisheit. Und sie stellten allesamt die Frage: „Soll das Märchen so enden?"

Bis auf weiteres ist die Bundesbaudirektion gehalten, ihre Bautätigkeit für die Staatsbibliothek Unter den Linden auf die Sicherung des Bauwerks und die Gefahrenabwehr zu beschränken. Vorentscheidungen über die künftige Nutzung des Gebäudes sollen vermieden werden, bis eine endgültige Entscheidung über Standort und Konzeption der Staatsbibliothek insgesamt gefallen ist. Angesichts der Finanznot der öffentlichen Haushalte und der gewaltigen Kosten einer gleichzeitigen Sanierung von Museumsinsel und Staatsbibliothek in Berlin ist das Zögern und erneute grundsätzliche Nachdenken über die Zukunft der Staatsbibliothek erklärlich. Und so ist damit zu rechnen, daß eine Entscheidung für die Staatsbibliothek Unter den Linden nicht vor 1999 fällt, frühestens also im Jahre 2000 mit Sanierung, Modernisierung und Wiederaufbau richtig begonnen werden kann.

Wir waren bisher nicht untätig. Zur Beurteilung des Bauzustandes waren eine Vielzahl von Gutachten zu Baugrund, Bausubstanz, Statik, Brandschutz und Technik erforderlich. Eine bauhistorische Untersuchung wurde in Auftrag gegeben und ein denkmalpflegerisches Gesamtkonzept mit dem Denkmalpfleger in den Grundzügen abgestimmt. Professor Rossmann aus Karlsruhe ist mit einer Vorplanung zur künftigen Gebäudenutzung und zur Kostenermittlung beauftragt.

Die Staatsbibliothek Unter den Linden ist mit ihren Abmessungen von 106 x 170 Meter und einer Gebäudehöhe von über 28 Metern der *größte historische Gebäudekomplex in Berlins Mitte*. Das Gebäude zeigt nach außen nur vier Geschosse – zwei Hauptgeschosse, ein Zwischengeschoß und ein Sockelgeschoß. Tatsächlich aber besitzt es im Inneren bis zu 13 Geschosse. Die Magazingeschoßhöhe von 2,20 Meter wurde als Modul für das gesamte Gebäude genutzt; auf diesem Modul aufbauend wurden nach Bedarf unterschiedliche Geschoßhöhen für Lesesäle, Katalog- und Dienstleistungsräume entwickelt. Zu 60 % aber ist der Altbau ein großes Bücherregal, bestehend aus dem seinerzeit revolutionären Lippmannschen Regalsystem. Dieses allseitig verkleidete Stahlregal, das sich vom siebenten bis 13. Buchgeschoß entlang der Universitäts-, Dorotheen- und Charlottenstraße erstreckt, dient nicht nur zur Aufnahme der Bücher, sondern ist Teil der Gesamtkonstruktion. *Eine andere Nutzung des Gebäudes als für bibliothekarische Zwecke ist also undenkbar!*

Als der Baukomplex in den Jahren 1903 - 1914 nach Plänen des Hofarchitekten Ernst von Ihnes errichtet wurde, war er bei Ausnutzung aller Reserven zur Aufnahme von maximal fünf Millionen Bänden gedacht sowie zur Unterbringung von drei Institutionen:

– der ehemaligen Königlichen Bibliothek
– der Universitätsbibliothek der Humboldt-Universität
– der Akademie der Wissenschaften.

Den größten Teil der Gebäudeflächen nahm davon mit rund 35.000 m^2 die ehemalige königliche Bibliothek ein. Deren Räume werden jetzt von der Staatsbibliothek genutzt. Die Akademie der Wissenschaften und die Universitätsbibliothek der Humboldt-Universität befinden sich heute als Mieter der Stiftung Preußischer Kulturbesitz in den für sie errichteten Räumen.

Welchen Zustand der Gebäudesubstanz haben wir vorgefunden? Die nach dem Lippmannschen System errichteten Büchermagazine, die eine bautechnische Besonderheit sind, haben die Kriegszerstörungen im Hinblick auf ihre Standfestigkeit ziemlich unbeschadet überstanden, jedoch in der Nachkriegszeit durch Feuchtigkeit Korrosionsschäden an den Hoffassaden erlitten. Die Gesamtstabilität des Stahlskeletts aber ist in Verbindung mit den horizontal und vertikal aussteifenden Massivbauteilen weiterhin ausreichend. Die historische Nord-Süd-Achse ist heute nur noch in Ansätzen erhalten. Sie endet an zugemauerten Türen des Vestibüls bzw. der Rotunde. Einen Ersatz für die fehlenden Großräume Kuppellesesaal und Universitätslesesaal wurde bis heute nicht geschaffen, so daß sich das Publikum auf die Sonderlesesäle und die Katalogräume beschränken muß. Anstelle des Kuppellesesaales, dessen Ruine 1977 abgerissen wurde, nachdem bereits 1957 die Restkuppel gesprengt worden war, wurden in den 80er Jahren vier Büchersilos aus Beton errichtet, ohne architektonische Einbindung in den Gebäudebestand und ohne ausreichende Berücksichtigung technischer und bibliothekarischer Bedingungen. Diese Büchersilos müssen abgerissen werden.

Die Kriegsschäden wurden nur teilweise, konstruktiv unzureichend oder überhaupt nicht beseitigt. Bei ersten Instandsetzungsarbeiten nach der Kriegszerstörung wurde auf die Wiedererrichtung der Kuppel über dem Eingangsportikus an der Lindenfront verzichtet. Auch von einer Dacheindeckung in dem ursprünglichen Schiefermaterial wurde damals Abstand genommen. An den Straßenfassaden wurden in den letzten zwei Jahrzehnten zahlreiche Ausbesserungen vorgenommen, jedoch in sehr unterschiedlicher Material- und Ausführungsqualität. In Teilbereichen wurde nach dem Krieg eine neue Raumaufteilung und Raumgestaltung vorgenommen.Die Bereitstellung der Bücher erfolgte früher über ein Buchtransportsystem. Dieses Transportsystem ist heute nicht mehr in Betrieb, so daß die Buchtransporte zur Zeit nur mit Hilfe von Bücherwagen erfolgen können.

Die Gründung, die wegen der örtlichen Bodenverhältnisse aus Holz-, Pfahl- und Flachgründungen besteht, ist im Tiefgründungsbereich stark geschädigt. Hier werden seit 1995 bei laufendem Bibliotheksbetrieb abschnittsweise 1400 bis zu 32 Meter lange Mikrobohrpfähle als Ersatz für die nicht mehr ausreichend tragfähigen Kiefernholzpfähle unter Aufrechterhaltung des laufenden Bibliotheksbetriebes eingebracht. Der Gebäudekomplex der Staatsbibliothek ist im Berliner Urstromtal gegründet. Tragfähiger Sand und Kies liegen im Bereich des Vestibüls erst in 13,20 m Tiefe und im Eckbereich Charlotten-/Dorotheenstraße in 11 m Tiefe. Darüber liegen Torf und Mudde. Die Tiefgründungen ruhen auf etwa 2700 Holzpfählen. Diese sind durch Grundwasserabsenkungen in der betroffenen Luft-/Wasserwechselzone zu 60 - 100 % geschädigt. Die Ersatzpfahlgründung leitet die Last aus den alten Fundamenten mittels Stahlträgern in seitlich neu angeordnete sogenannte Stahlbetonstreichbalken, um sie von dort über Verpreßpfähle in tragfähige Schichten abzuleiten.

Schwerwiegende Schäden wurden bei Übernahme der Gebäudebetreuung durch die Bundesbaudirektion festgestellt an den Dächern, den Fenstern, den hofseitigen Fassaden, den technischen Einrichtungen, den Kellerlichtschächten, Hofdecken und Feuerwehrumgängen und der Kellersohle.

Zur Sicherheit von Personen und Sachen, zur Substanzerhaltung und Aufrechterhaltung des Bibliotheksbetriebes ist in den Jahren 1991-1996 bereits viel geschehen: Eine neue Telefonanlage wurde eingebaut, Dachflächen einschließlich Dachverglasungen wurden erneuert, Rettungswege beleuchtet, die Gründung und die Kuppelwiderlager stabilisiert, die Kellerlichtschächte im Straßenraum erneuert, Feuchtigkeitsschäden an den Kelleraußenwänden beseitigt, 5 Aufzugsanlagen erneuert. Der systematische Katalog wurde neu hergerichtet ebenso wie die Räume für die Generaldirektion; als Ausweichmagazin während der Sanierung des Gebäudes wurde im Westhafen ein ehemaliger Getreidespeicher mit einer Bücherkapazität von drei Millionen Bänden hergerichtet.

Von 1991-1996 wurden in die Erhaltung des Hauses Unter den Linden bereits 73,7 Mio DM investiert. In diesem Jahr sollen weitere 29,4 Mio DM zur Gebäudesicherung ausgegeben werden. Die bisher ermittelten und zum Teil geschätzten Gesamtkosten für eine vollständige Wiederherstellung, Modernisierung und Erweiterung der Staatsbibliothek Unter den Linden belaufen sich auf 820 Mio DM. Darin wären die Kosten für die erweiterten Magazine und auch einen neuen großen Freihandlesesaal enthalten. Bedenkt man, daß bereits heute jährlich 20-30 Mio DM in das Gebäude investiert werden, so könnte bei einer Verdoppelung der jährlichen Investitionsrate die Staatsbibliothek Unter den Linden im Jahre 2014 – zum 100jährigen Jubiläum – ihrer Fertigstellung entgegensehen.

Professor Rossmann wird mit seiner Vorplanung einen genauen Kostenrahmen und Kostensicherheit gewinnen. Sie zielt zunächst auf die Grundinstandsetzung des Gebäudebestandes mitsamt Abbruch der Büchersilos und den Neubau unterirdischer Magazine. Im einzelnen sehen die Planungen vor: Aufstockungen für Speicher- und Funktionsräume und das Einbeziehen von Zwischenebenen, im wesentlichen Maßnahmen, die bereits 1906 als künftige Erweiterungsmöglichkeiten geplant waren, drei Magazin-Tiefgeschosse unter dem künftigen zentralen Lesesaal, Verstärkungen von Trag- und Stützkonstruktionen, Einbau einer Büchertransportanlage, Unterbauung der Innenhöfe, um Flächen für Technik und Datenverarbeitung zu erhalten, Rückbau von provisorischen Dachaufbauten am Ehrenhof zur Wiederherstellung des historischen Profils. Die historische Raumabfolge mit ihren Monumentalräumen soll wiedergewonnen, das Tonnengewölbe und die Kuppel über der großen Treppenhalle und dem Vestibül wiederhergestellt werden. Über der Vestibülkuppel können neue Magazinflächen geschaffen werden. Die im Krieg zerstörte Kuppel über dem Eingangsportikus soll wiederaufgebaut werden, um dem Gebäude zu den Linden hin seine Würde zurückzugeben. Auch der Ehrensaal soll wieder in altem Glanze erstrahlen.

Als Ergebnis der bisherigen Planungen und Untersuchungen ist festzuhalten: Die Bausubstanz bedarf infolge unzureichend beseitigter Kriegsschäden und mangelnder Bauunterhaltung in der Nachkriegszeit einer möglichst raschen Instandsetzung, um sie vor weiterem Verfall zu bewahren und einen zeitgemäßen Bibliotheksbetrieb zu gewährleisten. Etwa 15-20 % der erforderlichen Sanierungsarbeiten befinden sich bereits in Planung und Ausführung. Alles in allem bestätigt sich, daß das Haus Unter den Linden in seiner historisch gegebenen Struktur für die Zwecke einer modernen Staatsbibliothek hervorragend geeignet ist. Der Sanierungsaufwand ist für diesen besonderen Zweck angemessen. Investitionen in dieses Bauwerk sind keine Investitionen in die Vergangenheit, sondern Zukunftsinvestitionen!

Ich bin persönlich fest davon überzeugt, daß jede ernsthafte Untersuchung von Standorten und Unterbringungsmöglichkeiten für die Bestände der Staatsbibliothek nur zu einem Ergebnis führen können: Die Staatsbibliothek zu Berlin wird in Zukunft auf zwei Beinen gehen, mit dem Haus Unter den Linden als Standbein und dem Haus im Kulturforum als Spielbein. Es gibt in der Mitte Berlins keine besseren Standorte, und die Entfernung zwischen beiden Häusern ist gering. Beide Häuser sind nicht anders nutzbar als für Bibliothekszwecke. Der historische Ihne-Bau und der moderne Scharoun-Bau ergänzen sich bestens in ihrer Gegensätzlichkeit – funktional wie ästhetisch. Der Scharoun-Bau allein bietet nur unzureichende Erweiterungsmöglichkeiten und diese überwiegend unterirdisch. Der Ihne-Bau bietet Platz für 4,1 Mio Bücher ohne und 6,3 Mio Bücher mit neuem Lesesaal. Er bietet vor allem die Chance, anstelle des historischen Kuppellesesaals einen großzügigen, zeitgemäßen Freihandlesesaal mit 500.000 Büchern zu schaffen.

In der großen zentralen Neubaufläche des Hauses Unter den Linden, die durch die Kriegszerstörung des Kuppellesesaals und des Lesesaals der Universitätsbibliothek gewonnen wurde, liegt deshalb die Zukunft der Staatsbibliothek. Diese große Bauaufgabe verdient einen Wettbewerb unter den besten Architekten Europas.

WOLFGANG RIBBE

Vom Apothekenflügel des Berliner Schlosses zum Bibliotheksbau Unter den Linden – Standortentscheidungen für die Königliche Historische Bibliothek

In ihrem historischen Kern ist die Berliner Bibliotheca Regia eine Schloßbibliothek. Den ältesten Teil der Sammlung hatten die brandenburgischen Kurfürsten zusammengetragen und auf dem Dachboden ihrer ständigen Residenz in Cölln an der Spree deponiert. Über den Charakter dieses Bestandes wissen wir wenig. Es dürfte sich weitgehend um Manuskripte und Druckschriften gehandelt haben, die im Zuge der lutherischen Reformation in Brandenburg seit 1540 aus Kirchen, Klöstern und geistlichen Stiften in Stadt und Land an den Landesherrn abgegeben werden mußten. Die kurfürstlichen Visitationskomissionen unter Leitung des Kanzlers Weinlöben und seiner Nachfolger hatten alle Kostbarkeiten, die in den aufgelösten oder reformierten kirchlichen Institutionen nicht mehr benötigt wurden, an die kurfürstliche Schatzkammer abzuführen, die sich im Schloß befand.[1] Bei diesem Schloß in Cölln an der Spree handelte es sich um die erste feste Residenz der Kurfürsten von Brandenburg. Sie war von Anfang an weit mehr als nur der repräsentative Wohnsitz der Dynasten, sondern beherbergte zugleich auch die zentralen Behörden des Staates. Hier tagte auch der Landtag, die ständische Versammlung des Kurfürstentums. Hier arbeitete die Kanzlei und hier war auch deren Registratur untergebracht, die den Grundstock des historischen Staatsarchivs bildete. Mit der Modernisierung des brandenburgisch-preußischen Staatswesens eng verbunden war die Ausbildung einer modernen Staatsverwaltung. Alle Behörden, die in diesem Zusammenhang neu entstanden, hatten zunächst ihren Sitz im Cöllner Stadtschloß und es ist von daher selbstverständlich, daß auch für die Bibliothek zunächst kein anderer Standort infrage kam.

Als Kurfürst Wilhelm seine von den Vorfahren ererbte Hofbibliothek für den allgemeinen Gebrauch öffnete, mußte sie zunächst aus dem Schattendasein, das sie im Dachgeschoß des Berliner Stadtschlosses gefristet hatte, befreit werden. Sie zog in das erste Stockwerk des sogenannten Apothekenflügels um,

[1] Dazu: Victor Herold, Beiträge zur ersten lutherischen Kirchenvisitation in der Mark Brandenburg 1540-1545, in: Jahrbuch für Brandenburgische Kirchengeschichte 20 (1925), S. 5-101; 21 (1926), S. 59-128; 22 (1927), S. 25-137.

das für seine neue Bestimmung von dem kurfürstlichen Festungsbaumeister Johann Gregor Mernhardt hergerichtet worden war. In diesem Flügel des Schlosses war im Erdgeschoß die Hofapotheke untergebracht, die von der Kurfürstin Katharina, der Gemahlin Joachim Friedrichs, dort eingerichtet worden war.[2] Der Bibliothek blieb das erste Stockwerk vorbehalten, im zweiten befanden sich Wohnungen der Bediensteten. Den noch nicht sehr umfangreichen Sammlungen waren die zur Verfügung stehenden Räumlichkeiten angepaßt. Es gab nur drei Zimmer mit Regalen und Bücherschränken an den Wänden oder auch frei im Raum stehend. Seit 1661 war die kurfürstliche Bibliothek öffentlich zugänglich. Die Bestände konnten in einem Benutzerzimmer auf dem Schloß eingesehen werden, wurden aber auch ausgeliehen.

Trotz großzügigen Um- und Ausbaus des Stadtschlosses reichte aber der verfügbare Raum für die umfassenden Aufgaben der Staatsverwaltung bald nicht mehr aus, so daß sich der Kurfürst genötigt sah, nach und nach einzelne Abteilungen aus dem Schloß auszulagern und in seiner unmittelbaren Nähe – zumeist in bereits vorhandenen Baulichkeiten – anzusiedeln.[3] Bereits im 16. Jahrhundert befanden sich Teile der Kanzlei in einem Haus in der Breite Straße. Im 17. Jahrhundert residierte die alte Propstei an der westlichen Ecke des Schloßplatzes im Kollegienhaus in der Brüderstraße. Seit dem Ende des 17. Jahrhunderts wirkte im Kollegienhaus auch das Kammergericht, das Kölnische Konsistorium und das Oberheroldsamt. Ebenfalls seinen Sitz nahm dort seit 1713 das Evangelisch-Reformierte Kirchendirektorium, und schließlich hat das Kollegienhaus auch das Generalkriegskommissariat beherbergt, das nicht allein für die Verwaltung und Versorgung des Militärs zuständig war, sondern auch als wichtigstes Fiskal-, Merkantil- und Polizei-Kollegium Brandenburg-Preußens gelten darf. Ebenfalls aus dem Schloß ausquartiert, aber doch in seiner Nähe untergebracht, war um 1700 das Zentrum der Brandenburgisch-Preußischen Steuerverwaltung in einem Haus in der Königstraße Nr. 60, also schon jenseits des Spreearmes gelegen. Im späteren Marstallkomplex an der Breite Straße residierte bis in die dreißiger Jahre des 18. Jahrhunderts das Oberappellationsgericht. Die erste bedeutende Regierungsinstitution, die Unter den Linden residierte, war ein Vorläufer des Auswärtigen Amtes, das im Haus des Geheimen Regierungsrates Cäsar Ende der neunziger Jahre des 18. Jahrhunderts dort ein Büro eröffnete. Andere Regierungs- und Verwaltungsinstitutio-

[2] Die älteste Geschichte der Bibliothek hat zusammenfassend Eugen Paunel dargestellt: Die Staatsbibliothek zu Berlin. Ihre Geschichte und Organisation während der ersten zwei Jahrhunderte seit ihrer Eröffnung 1661-1871, Berlin 1965. Die hier folgenden Ausführungen sind dieser Monographie verpflichtet.

[3] Die Aufzählung folgt einer Studie von Wolfgang Neugebauer, Die Berliner Spree-Insel im preußischen Residenzgefüge. Das achtzehnte Jahrhundert, in: Geschichtswerkstatt Spreeinsel, Berlin 1997 [im Druck].

nen verblieben aber zunächst im Berliner Stadtschloß, so der Geheime Rat, der seit dem frühen 17. Jahrhundert das oberste Regierungskollegium des Staates darstellte. Im 19. Jahrhundert haben dann fast alle noch dort verbliebenen Institutionen der Staatsverwaltung das Schloß verlassen.

Friedrich Nicolai hat uns den Zustand der Raumverteilung für die spätfriderizianische Zeit überliefert:

„Vom großen Eosanderschen Portale nach der Freyheit bis an die Ecke der Stechbahn gegenüber, ist im zweiten Geschosse zuerst das Zimmer des Staatsraths, worinn sich auch das Forstdepartement versammelt, ferner ein Theil der geheimen Kanzley des Generaldirektorium[s], die auch hinten auf dem Schloßhofe gehet. Ferner ... das Versammlungszimmer des Generaldirektorium[s], daneben an der Ecke nach der Stechbahn ein Konferenzkabinet, worinnn sich auch das Bergwerksdepartment versammelt. Ueber diesen Zimmern sind im dritten Geschosse die Registraturen des dritten und fünften Departements des Generaldirektorium[s], und im vierten Geschosse die Registraturen des ersten, zweiten und vierten Departments. Man kommt dahin, theils auf der grossen Säulentreppe unter dem grossen Eosanderschen Portal, über den daselbst befindlichen hölzernen Gang, theils auf der Wendeltreppe in diesem Portale, rechts neben dem Archive, theils auf der steinernen Treppe in dem Winkel des äußeren Schloßhofes neben der Wache.“[4]

Doch nicht nur die allgemeine Staatsverwaltung nahm an Umfang zu und benötigte mehr Raum innerhalb und außerhalb des Schlosses. Auch die Bibliothek, die bald unter Platzmangel litt, mußte schon kurz nach ihrer Begründung in die Translozierungspläne einbezogen werden. Noch unter Friedrich Wilhelm ist der Bibliotheksbestand durch Ankäufe und Schenkungen erheblich erweitert worden, so daß der Kurfürst in seinen letzten Lebensjahren den Entschluß faßte, ein neues Bücherhaus zu errichten, das im Lustgarten, in Fortsetzung des Apothekenflügels nach Norden, etwa an der Stelle des heutigen Domes, errichtet werden sollte.[5] Der Tod des Kurfürsten hat die Fertigstellung dieses ersten eigenen deutschen Bibliotheksbaues verhindert. Das Gebäude war beim Ableben des Kurfürsten nur bis zum ersten Stockwerk gediehen. Um das Mauerwerk nicht zu schädigen, wurde es mit einem provisorischen Dach versehen. Doch Kurfürst Friedrich III., der den höfischen Prunk und das Zeremoniell liebte, wollte den Bibliotheksneubau als Wartehalle für Gesandt-

[4] Friedrich Nicolai, Beschreibung der Königlichen Residenzstädte Berlin und Potsdam, aller daselbst befindlichen Merkwürdigkeiten und der umliegenden Gegend, 3. Aufl., Berlin 1786, Bd. 1. S. 111 f.

[5] Hermann Pick, Der unvollendet gebliebene Bibliotheksbau des Großen Kurfürsten, in: Beiträge zum Bibliotheks- und Buchwesen. Paul Schwenke zum 20.3.1913 gewidmet, Berlin 1913, S. 211-215.

schaften und für Audienzbewerber nutzen, ein Plan, der aber ebensowenig realisiert werden sollte wie die Übergabe der Bauruine an die 1700 gegründete Societät der Wissenschaften, die dann 1711 eigene Räume erhielt.[6] Erst der Soldatenkönig, Friedrich Wilhelm I., fand für das geplante neue Bibliothekshaus eine dauerhafte Verwendung: er ließ darin die Hofwäscherei und die Hofkonditorei unterbringen. 1721 ist hier das erste Caféhaus in Berlin eröffnet worden.[7] Die Bibliothek fristete zu dieser Zeit ein Schattendasein.

In seinem letzten Regierungsabschnitt sorgte dann Friedrich der Große für eine Neuordnung der Königlichen Bibliothek. Ob dabei wissenschaftlich-kulturelle Gründe ausschlaggebend waren oder eher repräsentative Rücksichten eine Rolle spielten, mag dahingestellt bleiben. Wesentlich für diese Reorganisation war jedenfalls die Errichtung eines neuen Gebäudes, in dem die Bibliothek mehr als hundert Jahre wirken sollte und in dem sie auch weltweite Bedeutung erlangte.[8] Mit der Eröffnung dieses Bibliothekspalastes 1784 begann jedenfalls eine neue Ära in der Geschichte der Königlichen Bibliothek. Zehn Jahre zuvor war der Neubau in die Wege geleitet worden, als der König das Gelände erwarb, auf dem die Orangerie und andere Nebengebäude des ehemals Markgräflich Schwedtschen Palais standen. Das „Schloß" der Markgrafen von Schwedt lag nördlich der Bibliothek zur Straße Unter den Linden hin und diente fortan als Dienstsitz des Kommandanten von Berlin. Der Platz, an dessen westlicher Seite die Königliche Büchersammlung nun untergebracht werden sollte, war Teil des geplanten Forum Fridericianum.

Es ist hier nicht der Ort auf die Architektur der „Kommode" einzugehen, die unter den Zeitgenossen nicht nur Anklang gefunden hat. Insbesondere der barocke Baustil wurde kritisiert, der nicht mit den klassizistisch gehaltenen Bauten der Umgebung korrespondiere, aber auch die Vielzahl von Magazingeschossen, die an der Fassade erkennbar wird, da der Fußboden der Geschosse in der Mitte der Fenster zu sehen ist, fand wenig Beifall. Bereits von Dezember 1780 bis August 1782 sind die Bestände aus dem Apothekenflügel des Stadtschlosses in die Kommode überführt worden, die aber erst 1788 fertiggestellt werden konnte, nachdem auch die langwierigen Dacharbeiten am Hauptgebäude vollendet und das Nebengebäude in der Behrenstraße 40 völ-

[6] So Carl Hinrichs, Friedrich Wilhelm I., Hamburg 1941, S. 154, bzw. Adolf Harnack, Geschichte der Königlichen Preußischen Akademie der Wissenschaften zu Berlin I-IV, Berlin 1900, bes. Bd. 1, S. 173.

[7] David Faßmann, Leben und Thaten des Allerdurchlautigsten und Großmächtigsten Königs von Preußen Friederici Wilhelmi, Bd. 1, Frankfurt-Hamburg 1741, S. 848, sowie Winfried Löschburg, Berühmte Berliner Konditoreien, in: Berliner Heimat 2 (1956), S. 3.

[8] Beschreibung des Gebäudes bei Richard Borrmann, Die Bau- und Kunstdenkmäler von Berlin, Berlin 1893, S. 329-331.

lig ausgebaut war. Erst am 15. März 1784 konnte im oberen Stock eine „Lesekammer“ eröffnet werden.

Überhaupt war vom König nur dieses Obergeschoß für die neue Bibliothek bestimmt worden. Die Räume zur ebenen Erde dienten bis 1814 als Monturendepot für ein preußisches Regiment und bis 1840 zur Aufbewahrung der Kulissen und anderer Theaterdekorationen des gegenüberliegenden Opernhauses. Da aber das Obergeschoß für die Bibliothek nicht ausreichte, verlegte man die Benutzungsabteilung und die Verwaltung in das Nebengebäude in der Behrenstraße 40, in dem auch der Direktor wohnte. Es fehlten also dem neuen Hause die wesentlichen Merkmale einer barocken Saalbibliothek, die den gesamten Betrieb in einem Raum durchführte. Man kann in der hier getroffenen Gesamteinteilung bereits den Gedanken einer Magazinbibliothek erkennen. In den Eckpavillons im zweiten Obergeschoß waren in Richtung Behrenstraße die Kupferstiche untergebracht und in Richtung Unter den Linden die Handschriften.[9]

Für mehr als ein Jahrhundert blieb also die Kommode der Standort der Königlichen Bibliothek, allerdings mußte sie im Innern mehrmals umgebaut werden, und sie ist auch sonst erweitert worden. 1882 kam das Haus Behrenstraße 41 hinzu und später auch das Hintergebäude des Niederländischen Palais in der Behrenstraße 42. In den dreißiger Jahren des 19. Jahrhunderts entstand der Plan, die Kommode zu erweitern oder ein neues Gebäude zu errichten. Aber die Wünsche des Königs und die der Bibliotheksleitung widersprachen einander. Während Friedrich Wilhelm III. die Front auf dem Opernplatz vorgeschoben haben wollte, um auf diese Weise Raum zu gewinnen, bevorzugte die Bibliotheksleitung einen Bibliotheksneubau. Karl Friedrich Schinkel erhielt 1833 den Auftrag, Entwürfe für ein neues Gebäude der Königlichen Bibliothek einzureichen, das auf dem nördlich an die Unversität angrenzenden Gelände errichtet werden sollte.[10] Dort befanden sich zu jener Zeit ein Botanischer Garten, der Königliche Marstall und die Kaserne des Regiments Garde-du-Corps. Noch besser geeignet erschien ihm zwar ein Bauplatz, der die Börse beherbergte, in der bereits Teile der Bibliothek untergebracht worden waren, doch war hier der Grund und Boden zu kostspielig. Schinkel wollte ein feuersicheres Gebäude errichten, das sowohl für die öffentliche Benutzung als auch für die Verwaltung geeignet war, unter Verzicht auf äußeren und inneren Luxus, mit zweckmäßigen Räumen, in denen die Bücher ohne hohe Leitern erreichbar waren. Die Entwürfe sind 1839 genehmigt worden, aber nie zur Aus-

[9] Vgl. dazu den Schriftwechsel der Bibliotheksleitung mit dem zuständigen Ministerium: GStAPK, Acta betreffend die Baue und Reparaturen an dem Gebäude und Zubehör der Königl. Bibliothek in Berlin, HA I, Rep. 76 V c, Sekt. 2, Tit. 4, Nr. 3, Bd. 2.

[10] GStAPK (wie Anm. 9), Bd. 3, passim.

führung gelangt.[11] Übrigens wollte der Minister Altenstein in der dann frei werdenden Kommode die Abgußsammlung, das Kabinett der Kunstkammer, das Ägyptische Museum und die germanischen Altertümer unterbringen. Entlastet werden sollten dadurch das Akademiegebäude, das Schloß Monbijou und die Kunstkammer im Stadtschloß.

Neben dem Platzmangel war also 1835 die Absicht, die Königlichen Sammlungen günstiger unterzubringen, das Hauptmotiv für die Errichtung eines Neubaues. Später stand ausschließlich der Wunsch nach Vermehrung des Stellraumes im Vordergrund. Als neuer, erweiterter Standort ist 1858 vom König ein Grundstück im Tiergartenviertel benannt worden, etwa in der Gegend, in der heute das Reichstagsgebäude steht, doch konnte er sich gegen seinen Finanzminister von Bodelschwingh nicht durchsetzen.[12]

Bereits kurz zuvor war von der Bibliotheksleitung als Standort für einen Neubau das Akademieviertel benannt worden. Nach der Reichsgründung war die Raumnot in der Alten Kommode mit Hilfe von An- und Ausbauten, aber auch durch Auslagerungen nicht mehr zu meistern. Um wirkliche Abhilfe zu schaffen, war es notwenig geworden, über den Gebäudekomplex am Forum Fridericianum hinauszugehen. In einer Privataudienz trug Richard Lepsius am 28. Mai 1873 dem Kaiser seine Pläne über einen Neubau der Bibliothek vor.[13] Als Bauplatz nannte er auch das Akademiekarré, an dessen Front Unter den Linden das Akademiegebäude stand. Zwar genehmigte Wilhelm I. den Naubau, doch geschah wenig, das zur Realisierung des Planes hätte führen können. Immerhin unternahm Lepsius in Begleitung des Architekten Martin Gropius im Mai/Juni 1874 eine „technische Rundreise“ zu den großen Bibliotheksbauten in Leipzig, Dresden, Wien, München, Stuttgart, Karlsruhe, Straßburg, Paris, Brüssel, Genf, Köln und Hamburg.[14] Ausschlaggebend für die dilatorische Behandlung des Naubaues waren wohl die komplizierten Besitzverhältnisse und die hohen Kosten der Ablösung für die benötigten Grundstücke im Akademieviertel. Noch in der ersten Hälfte der achtziger Jahre lagerte man weiter Bestände aus, versuchte aber auch das Bibliotheksviertel zu erweitern, insbesondere durch den Ankauf des Unter den Linden 36 gelegenen Niederländischen Palais, von dem die Bibliothek aber nur die rückwärtig gelegenen Gebäude in der Behrenstraße 40-42 nutzen konnte, während sich Wilhelm I. das Unter den Linden gelegene Vorderhaus zur Nutzung vorbehielt, um darin seine Gäste zu beherbergen.[15] Die Häuser in der Beh-

11 GStAPK (wie Anm. 9), Bd. 5, passim, bes. fol. 198.

12 GStAPK, Acta betreffend den Bau eines neuen Gebäudes für die Königliche Bibliohek zu Berlin, HA I, Rep. 76 V c, Sekt. 2, Tit. 23, Lit. B, Nr. 43, Bd. 4.

13 GStAPK (wie Anm. 12), Bd. 1, fol. 49 f. r et v.

14 Vgl. dazu den Bericht über diese Reise in: GStAPK (wie Anm. 12), Bd. 1, fol. 124-127.

15 E. Paunel, Die Staatsbibliothek zu Berlin (wie Anm. 2), S. 352 ff.

renstraße sind ständig weiter ausgebaut worden, bis dann in den späten achtziger und in den neunziger Jahren des 19. Jahrhunderts die entscheidende politische Runde eingeläutet wurde, die den Weg freimachte für das neue große Bibliotheksgebäude Unter den Linden.

Das Jahr 1896 markierte diese letzte Etappe auf dem Weg zu einem Neubau der Königlichen Bibliothek. Zwar fiel damals noch keine Entscheidung, aber die ganze Angelegenheit kam nun wieder so in Bewegung, daß sie nicht mehr aufgehalten werden konnte. Auslösendes Moment war hierbei wohl zum einen, daß die Kaserne der Garde-du-Corps im Akademieviertel wegen der Verlegung des Regiments nach Potsdam aufgegeben wurde (aber weiter vermietet wurde), zum anderen, daß sich auch der Auszug des Marstalls konkret abzuzeichnen begann, da Wilhelm II. grünes Licht für dessen Neubau gegeben hatte, der dann 1898 bis 1902 nach Plänen Ernst Eberhard von Ihnes am Schloßplatz erbaut werden sollte. Hinzu kam, daß im Mai 1896 ein staatlicher Wettbewerb zu einem gemeinsamen Neubau der Hochschule für Bildende Künste und der Hochschule für Musik direkt am Bahnhof Zoologischer Garten (entlang der heutigen Jebensstraße) ausgeschrieben worden war.[16] Dies bedeutete, daß die Akademie der Künste bereit war, ihren Lehrbetrieb an die damalige Peripherie der Stadt, nach Charlottenburg, zu verlegen und nicht wieder ins Zentrum Berlins zurückzuholen. Auch wenn die Akademie der Künste darauf beharrte, weiterhin mit ihrer Verwaltung und besonders mit ihren Ausstellungsräumen an ihrem angestammten Platz zu verbleiben, bedeutete der Wegfall von so unterschiedlichen Einrichtungen wie Kaserne, Pferdeställen und Ateliers nun doch die Möglichkeit, den größeren Teil des Areals zwischen den Linden, der Charlotten-, Dorotheen- und Universitätsstraße für die Zwecke eines Bibliotheksneubaues in Anspruch zu nehmen. Da es aber unausweichlich erschien, daß die Bibliothek sich dieses Areal mit wenigstens einer weiteren Institution teilen mußte, mehrten sich Stimmen, die die neue Bibliothek doch lieber frei von solchen einschränkenden Gegebenheiten an einem ganz anderen Ort errichtet wissen wollten, der dann allerdings nicht mehr im Stadtinnern liegen konnte. Zugute kam den Befürwortern einer solchen Lösung, daß unerwartet auch ein entsprechender Bauplatz zur Verfügung stand. Im Laufe des Jahres 1897 hatte sich die Erkenntnis durchgesetzt, daß der in dem Wettbewerb um einen Neubau für die beiden Hochschulen der Künste vorgesehene Standort direkt am Bahnhof Zoologischer Garten wegen der Lärmbelästigung doch nicht so geeignet für einen Atelier- oder Musikbetrieb sei. Nachdem sich auch die Akademie des Bauwesens in ihrem Gutachten dieser Meinung angeschlossen hatte, wurde als neuer Bauplatz der östliche Teil der

[16] GStAPK (wie Anm. 12), Bd. 3, fol. 260.

Königlichen Baumschule an der Hardenbergstraße für die Gebäudegruppe bestimmt, die dann bis 1902 nach dem Entwurf der Preisträger Heinrich Kayser und Karl von Groszheim errichtet wurde.[17] Gleichzeitig waren die Bibliothekare selbst gebeten worden, Stellung zu der Frage zu nehmen, ob ihre Bibliothek nach Charlottenburg verlegt werden sollte, so Generaldirektor August Willmanns und die Direktoren Paul Schwenk und Wilhelm Ermann. Die Aufforderung ging aber auch an Otto Hartwig, den Direktor der Unversitätsbibliothek Halle, der Mitglied im Kuratorium der Königlichen Bibliothek war, das von Friedrich Althoff 1885 bei der Berufung Willmanns ins Leben gerufen worden war. Hartwig, der damals in der engeren Wahl gestanden hatte, zeigte sich in seinem Antwortschreiben vom 11. Oktober 1897 an den Vortragenden Rat Schmidt, der in der Unterrichtsabteilung des Kultusministeriums unter Friedrich Althoff für die Königliche Bibliothek zuständig war, als überzeugter Befürworter einer solchen Verlegung:

„Da der Bau einer neuen, großen, mit allen technischen Hilfsmitteln der Neuzeit ausgetatteten Bibliothek in Berlin ein dringendes, schon längst empfundenes Bedürfniß ist, sich im Centrum der Stadt nach vielem und langjährigen Suchen kein geeigneter Platz für den Neubau gefunden hat, so muß derselbe in die Peripherie verlegt werden. Das kann auch ohne wesentliche Schädigung der Bibliothek an sich und ohne allzu arge Belästigung des die Bibliothek benutzenden Publikums unter gewissen Bedingungen geschehen. Nach einer Seite hin würde die Verlagerung der Bibliothek aus dem Centrum der Stadt hinaus sogar als ein nicht zu unterschätzender Vortheil für dieselbe angesehen werden müssen. Die Bedingungen, unter denen ich mich für Verlagerung der Königlichen Bibliothek an die Peripherie der Stadt aussprechen könnte, lassen sich dahin zusammenfassen, daß, wie ich schon vor Jahren einmal mir auszuführen erlaubt habe, die Köngigliche Universitätsbibliothek in die freigewordenen Räume der Königlichen Bibliothek verlegt, diese in ihrem Bücherbestande wesentlich gehoben und als eine Ausgabestelle der Königlichen Bibliothek behandelt werden.

Die beiden ersten hier namhaften Bedingungen verstehen sich bei den Raumverhältnissen in der Königlichen Universitäts-Bibliothek so sehr von selbst, daß ich hierüber nichts zu sagen nöthig habe. Soviel ich weiß, besteht auch hierüber allseitiges Einverständniß. Die Umgestaltung der Königlichen Universitäts-Bibliothek in eine Ausgabestelle der dann entfernt gelegenen Königlichen Bibliothek dürfte auch nicht auf unüberwindliche Hindernisse stoßen.

Wenn in der neuen Königlichen Universitäts-Bibliothek ein Exemplar des in

[17] GStAPK (wie Anm. 12), Bd. 4, fol. 334 f. r et v.

der Arbeit begriffenen General-Katalogs der Preußischen Bibliotheken aufgestellt wird, in dem dann ein Jeder, der Bücher der Könglichen Bibliothek benutzen will, leicht nachsehen kann, ob das fragliche Werk vorhanden ist, wenn ferner die Königliche Universitätsbibliothek mit der Königlichen Bibliothek durch eine oder mehrere Telephonleitungen verbunden wird; wenn weiter die in der Königlichen Universitäts-Bibliothek aus der Königlichen Bibliothek bestellten Sachen an die Petenten in der Universitätsbibliothek ausgehändigt werden, so dürften die gewichtigsten Einwände, die gegen die Verlegung der Könglichkeiten Bibliothek in der Peripherie der Stadt angeführt werden können, ihr Gewicht verlieren; die Benutzung von Handschriften käme hierbei nicht in Betracht. Ob nicht eine kleine Gebühr für die Beförderung der Bücher von einer Bibliothek in die andere zu erheben sein möchte, kann erwägenswerth erscheinen.

Positiv für die Verlegung der Bibliothek wird Folgendes auszuführen sein:

Erstens wird der Bau viel billiger werden als in dem Centrum der Stadt und zweitens, was gar nicht genug hervorgehoben werden kann, viel praktischer. Soll der Bau im Centrum der Stadt aufgeführt werden, so wird derselbe in reicher Architektur, nach vorwiegend künstlerischen Interessen angelegt werden. Es ist in dieser Beziehung geradezu typisch, daß man sich schon vor Jahrzehnten darüber stritt, ob der Neubau in gothischem oder im Renaissancestyle aufzuführen sei! Neubauten, wie die Königliche Universitäts-Bibliothek zu Leipzig und Straßburg, die wesentlich nach architektonischen und nicht bibliothekarischen Gesichtspunkten angelegt und daher zum Theil recht unpraktisch sind, sind warnende Beispiele für das, was in Berlin bevorstehen würde, wenn im Centrum der Stadt die neue Bibliothek errichtet werden sollte. Sowenig ich dafür bin, diese neue Bibliothek in dem Kasernenstyle zu bauen, dafür die Geschäftsräume, Lesesaal u.s.w. ohne architektonische Gliederung derselben sehr wohl möglich ist, so sollte man das Büchermagazin einfach halten, d.h. soviel Platz als nur möglich für es zu gewinnen suchen. Ich begreife sehr wohl, daß eine solche Anlage für den Baumeister große Schwierigkeiten haben wird. Einem genialen Architekten gelingt aber hier vielleicht einmal ein glücklicher Wurf. Daran sollte aber streng festgehalten werden, daß man eine Bibliothek um bibliothekarischer Zwecke willen baut, und nicht in erster Linie um ein architektonisches Prachtstück aufzuführen. Da die Gefahr nahe liegt, daß man im Centrum der Stadt nicht ohne Beeinträchtigung der wichtigsten Bedürfnisse für ein Bibliotheksgebäude herumkommen würde, bin ich für die Verlegung des Neubaues an einen Ort, für den solche Rücksichten nicht ausschlaggebend sein würden ... nachdem in siebenzig Jahren kein Bauplatz in der Stadt hat ausfindig gemacht werden können und auch der vorgeschlagene im Akademieviertel als unzureichend und als unzweckmäßig nachgewiesen ist, wird wohl auch kein anderer in der nächsten Zeit aufzufinden sein. Soll also überhaupt einmal gebaut werden, so muß man jetzt zugreifen, ehe auch der Platz in Charlottenburg wieder verloren geht und die Zahl der verpaßten Gelegenheiten um eine neue vermehrt wird. Daß von Seien der Universitätsprofessoren und Schriftsteller Berlins kein prinzipieller Einspruch gegen die Verlegung der Bibliothek nach dem Westen erhoben wird ... ist sehr erfreulich und zeugt von dem praktischen Sinn der Vernommenen. Das beste ist auch in diesem Falle des guten Feind; die Sucht unserer Zeit, in dieser Welt der widerstrebenden Interessen und irdischen Unvollkommenheiten nur ganz Einwandfreies anzuerkennen und zu schaffen, hat ja auch in unserem Falle der nothwendigen Sache schon mehr als billig geschadet."[18]

Otto Hartwig stand durchaus nicht allein mit dem Plan, „die Königliche Bibliothek nach dem Westen, in die Nähe des Bahnhofs Zoologischer Garten zu verlegen, wo sie sich auf einem der Erweiterung fähigen Bauplatz unbehindert von Rücksichten auf die Außenarchitektur, einrichten könnte. Der Gedanke hatte in der Tat viel Bestechendes und fand gerade in bibliothekarischer Kreisen Beifall ...", wie ein Mitglied der Findungskommissionen später bemerkte.[19]

Offensichtlich hatten aber die Ausführungen Otto Hartwigs über eine Verlegung der Königlichen Bibliothek nach Charlottenburg auch bei einigen Mitgliedern des Kuratoriums Wirkung gezeigt, da der von Hartwig vorgeschlagene Standort auf einmal als gleichwertig mit dem bis dahin eigentlich nicht mehr ernsthaft in Zweifel gezogenen Akademieviertel betrachtet wurde. Für Generaldirektor August Willmanns, einem engagierten Gegner einer Verlegung, erschien die hierin liegende Gefahr immerhin so groß, daß er noch im Juli 1898 eine „Denkschrift über die Verlegung der Königlichen Bibliothek" verfaßte und dem Kultusminister einrichte. Es heißt darin:

„Der seit mehr als fünfzig Jahren als nothwendig erkannte Neubau der Königlichen Bibliothek ist in den letzten Dezennien wegen der Schwierigkeiten der Platzfrage immer wieder hinausgeschoben worden. Sie waren als beseitigt anzusehen, als Seine Majestät im Juni 1891 den Bau der Königlichen Bibliothek des Verwaltungsgebäudes der beiden Akademien und eines den Zwecken einer permanenten Ausstellung der bildenen Künste dienenden Gebäudes auf dem sogenannten Akademieviertel als wünschenswerth bezeichnet hatte. Es schien sich nur noch darum zu handeln, das neue Bibliotheksgebäude dem endlich gesicherten Bauplatze entsprechend zu disponieren. Zu diesem Zwecke wurde von ausgezeichneten Architekten eine Anzahl von Planskizzen

[18] GStAPK (wie Anm. 12), Bd. 4, fol. 336-339 r et v.

[19] Paul Schwenke, Der Neubau der Königlichen Bibliothek zu Berlin, in: Zentralblatt für das Bibliothekswesen 25 (1908), S. 1-18, bes. S. 2.

entworfen, die erkennen ließen, daß eine angemessene Lösung des Projektes auf dem dafür bestimmten Platze zu erreichen sein werden. Trotzdem blieb die Angelegenheit stecken, und jetzt werden erneute Erwägungen angestellt über den schon früher vorgeschlagenen Ausweg, die Königliche Bibliothek aus dem Centrum der Stadt an die Peripherie zu verlegen. Entschließe man sich dazu, so stehe im Westen auf Charlottenburger Gebiet ein räumlich reichlich bemessener und geeigneter Platz an der Hardenbergstraße zwischen dem Zoologischen Bahnhofe und der Ingenieur- und Artillerieschule zur Verfügung ... Der Gedanke, die Bibliothek zu verlegen, ist wohl zum guten Theile entsprungen aus dem Wunsche, in der vielfach behandelten und trotzdem der Ausführung nicht ernstlich näher gerückten Angelegenheit etwas zu erreichen ... Betrachtet man das Verlegungsprojekt von diesem Gesichtspunkte, so ist es zu begrüßen als Erlösung aus einer mit jedem Jahre unerträglicher werdenden Lage und als Befreiung von der Sorge um die Zukunft einer so hervorragenden Anstalt, wie es die nicht bloß bedeutendste, sondern die einzige große Bibliothek des Landes ist."[20]

Was die Eigenschaft der Berliner Königlichen Bibliothek als Landesbibliothek betraf, so räumte Willmanns ein, daß es zwar im Hinblick auf den dadurch vermehrten auswärtigen Leihverkehr mit den anderen Bibliotheken nicht von Bedeutung ist, wo der Standort einer solchen Institution sei, wohl aber, wenn diese vornehmlich als Präsenzbibliothek einer Stadt wie Berlin zu diesen habe. Hierbei war für ihn auch noch ein anderer Gesichtspunkt maßgebend:

„Betrachtet man dagegen die Bibliothek als Hauptbibliothek für eine Stadt von anderthalb Millionen Einwohnern, die noch fortwährend wächst, so tritt die Frage in eine andere Beleuchtung. Es scheint schon an sich natürlich, daß die Bedeutung der wichtigsten und allgemeinsten Bildungsanstalt zum Ausdruck komme durch den Platz, der ihr angewiesen wird. Wie die centralen Behörden, die Museen, die Königlichen Theater, die Universität, die Börse, die Banken im Mittelpunkte der Stadt liegen, so hat der große König Friedrich II. der Bibliothek die bevorzugte Stelle, die sie gegenwärtig einnimmt, in richtiger Schätzung des Werthes zugetheilt, der sie für das geistige Leben seiner Hauptstadt habe ... Auch in anderen Hauptstädten, in Paris, London, St. Petersburg, sind die gleichen Gesichtspunkte für die Wahl der Bauplätze der großen Bibliotheken maßgebend gewesen; sie liegen sämtlich in den vornehmsten und besuchtesten Stadtteilen."[21]

Neben dieser, wie er sie bezeichnete, „ideellen Forderung" führte Willmanns in der Folge eine Reihe praktischer Gründe auf, die Bibliothek im Zen-

[20] GStAPK (wie Anm. 12), Bd. 4, fol. 343-345 r et v.

[21] GStAPK (wie Anm. 12), Bd. 4, fol. 347 r et v; fol. 348 r.

trum der Stadt zu belassen, die von der Nähe der Universität bis zum besseren Zugang von anderen Stadtteilen aus reichten, und die er dann abschließend zusammenfaßte:

„Aus dieser Darlegung erhellt, daß, soweit Gründe in Betracht kommen, die auf Wesen, Aufgabe und bisherige Entwicklung der Königlichen Bibliothek zurückgehen, eine unbefangene Prüfung die Verlegung nach dem Westen als ein mindestens gewagtes Experiment ansehen muß. Wenn Erwägungen anderer Art die Verlegung als in mancher Hinsicht wünschenswerth erscheinen lassen, so ist vom Standpunkte der Bibliothek sehr zu wünschen, daß solche Opportunitätsgründe nicht als so schwerwiegend angesehen werden, daß sie die sachlichen Gesichtspunkte erdrücken. Mit ihrer erfolgreichen Wirksamkeit ist es, wenn der Gedanke durchgeführt wird, voraussichtlich zu Ende. Sie wird eine stille, abgelegene Gelehrten-Bibliothek werden, die nur dann aufgesucht wird, wenn ihrer nicht zu entrathen ist, und die, ähnlich wie die Kammergerichts-Bibliothek, die Bibliotheken der statistischen Aemter und andere in der Hauptsache nur von Fachleuten, gelehrten Forschern und Berufsschriftstellern benutzt wird.“[22]

Die Mehrheit des Kuratoriums, darunter Friedrich Althoff und Theodor Mommsen, folgte den Vorschlägen Hartwiegs, die dieser auch in die Öffentlichkeit getragen hatte, wobei er seine Thesen dahingehend erweiterte, daß er als Ersatz für die Königliche Bibliothek als wissenschaftlichem Institut neben der auszubauenden Universitätsbibliothek auch eine große städtische Leihbibliothek in der Stadtmitte vorschlug.[23] Dieser Argumentation folgte der Minister der Geistlichen, Unterrichts- und Medizinalangelegenheiten, Bosse, einen Tag nach Sitzung des Kuratoriums, als er vor dem Preußischen Abgeordnetenhaus erklärte, daß sich die Staatsregierung mit der Absicht trage, die Königliche Bibliothek, mangels eines geeigneten Bauplatzes im Zentrum, nach der Peripherie der Stadt im Westen, also nach Charlottenburg, zu verlegen.[24] Diese Erklärung stieß nun nicht nur im Preußischen Abgeordnetenhaus, u.a. bei Rudolf Virchow[25], sondern auch in der Öffentlichkeit auf heftigen Widerstand, der vor allem von einem „Komitee für die Erhaltung der Königlichen Bibliothek im Stadtinnern Berlins“ getragen wurde, dem viele Prominente aus Kultur und Wissenschaft sowie Geschäftsleute und Industrielle wie Emil Rathenau angehörten. Dieses Komitee reichte im Mai 1899 dem Preußischen

[22] GStAPK (wie Anm. 12), Bd. 4, fol. 360 r et v.

[23] Der Vorschlag wurde im Preußischen Abgeordnetenhaus diskutiert. In der Debatte am 16. März 1899 sprach sich insbesondere der Abgeordnete Dr. Friedberg für eine Verlegung der Bibliothek an die Peripherie der Stadt aus; Haus der Abgeordneten, 45. Sitzung am 16.3.1899, S. 1525 f.

[24] Haus der Abgeordneten (wie Anm. 23), S. 1526 f.

[25] Haus der Abgeordneten (wie Anm. 23), S. 1527-1529 und 1529 f.

Abgeordnetenhaus eine Petition mit über 5 000 Unterschriften ein, in der die Bitte ausgesprochen wurde, „hochgeneigtest dahin wirken zu wollen, daß von der beabsichtigten Verlegung der Königlichen Bibliothek nach der Peripherie der Stadt bzw. nach Charlottenburg Abstand" genommen wird. In der Argumentation der Petitenten standen zwei Kritikpunkte im Vordergrund. Der erste bezog sich auf die Verlegung der Bibliothek allgemein: „Der weitaus größere Theil unserer Verwaltungs- und Gerichtsbeamten, der Geistlichen, Lehrer, Aerzte, Rechtsanwälte, Schriftsteller, Ingenieure, Industriellen, Kaufleute etc., überhaupt alle Gebildeten, welche auf die Königliche Bibliothek angewiesen sind, können ihren Wohnsitz, der meistens von der Lage ihres Wirkungskreises naturgemäß beeinflußt wird, unmöglich verlegen, sie müßten also, wenn die Königliche Bibliothek aus dem Stadtinnern entfernt würde, so weite Wege zurücklegen, daß eine häufigere Benutzung des Instituts für sie überhaupt ausgeschlossen wäre, um so mehr, als zahlreiche Personen, um sich aus dienstlichem oder beruflichem Interesse zu informieren, die Königliche Bibliothek außerhalb ihrer Dienstzeit und Bureaustunden aufzusuchen gezwungen sind."[26]

Der andere Kritikpunkt zielte auf die beabsichtigte Ersatzlösung durch andere Bibliotheken. Zu Recht wurde erklärt, daß die Universitätsbibliothek schon aufgrund ihres weitaus geringeren Umfanges, aber auch wegen der ganz anders gearteten Funktion, unmöglich die Königliche Bibliothek ersetzen könne, wie auch eine ergänzende städtische Zentralbibliothek, mit deren Einrichtung im Grunde doch gar nicht zu rechnen sei, letztendlich auch eine ganz andere Volksbildungsaufgabe zu erfüllen habe. Diese Vorbehalte beträfen nicht nur das „gelehrte und litterarische Berlin": „Sogar weite Kreise der Berliner Bürgerschaft sehen nicht ohne eine gewisse Besorgniß auf die Möglichkeit hin, daß die Stadt nach Verlust der Technischen Hochschule, der Kunstakademie mit ihren Lehranstalten, des Botanischen Gartens auch diesen Anziehungspunkt für eine betrachtliche Menge von Bewohnern Berlins verlieren wird. Ferner ist nicht zu unterschätzen, wie der Zufluß von Fremden zum Zwecke der Benutzung der Königlichen Bibliothek abgelenkt werden würde, wenn die geplante Verlegung zur Ausführung gelangt. Es ist daher der gewerbetreibenden Bevölkerung nicht zu verargen, daß sie dieser Angelegenheit ebenfalls ihre Aufmerksamkeit zuwendet, zumal vor einigen Jahren die Vergrößerungsfrage der Königlichen Bibliothek in anderer Weise erledigt werden sollte."[27]

Willmanns sollte sich mit seiner Vorstellung durchsetzen. Ob das nun aufgrund solcher und anderer Reaktionen der breiteren Öffentlichkeit gelang,

[26] GStAPK, Acta betreffend den Bau eines neuen Gebäudes für die Königliche Bibliothek zu Berlin, HA I, Rep. 76 V c, Sekt. 2, Tit. 23, Lit. B, Nr. 43, Adhib. A 1899, fol. 3 r et v.

[27] GStAPK (wie Anm. 26), fol. 4.

oder ob Wilhelm II. persönlich intervenierte, indem er sich an ein 1891 gegebenes Versprechen erinnerte, muß offen bleiben. Am wahrscheinlichsten ist wohl die später geäußerte Ansicht, „es bedurfte nachdrücklicher Einsprache der Unversitätskreise, welche die örtliche Zerreißung ihrer notwendigsten wissenschaftlichen Hilfsmittel nicht billigen konnten, um den Plan der Unterrichts-Verwaltung zu beseitigen."[28] Jedenfalls machte das Kultusministerium im Juni 1899 eine Kehrtwendung in dieser Sache und akzeptierte endgültig das Akademieviertel als Standort für das neue Bibliotheksgebäude. Damit war die Standortdiskussion beendet. Unter Verzicht auf einen Wettbewerb erhielt Ernst v. Ihne den Auftrag für den Entwurf des Gebäudes, das dann unter wesentlicher Mitwirkung von Anton Adams im Akademieviertel errichtet worden ist.

[28] [o.V.], Das neue Gebäude für die Königliche Bibliothek und die Akademie der Wissenschaften in Berlin, in: Deutsche Bauzeitung 48 (1914), S. 325.

ANTONIUS JAMMERS

Die Entwicklung der Staatsbibliothek zu Berlin nach ihrer Vereinigung

1.

Auf den ersten Blick könnte man meinen, das glücklichste und wohl auch wichtigste Ereignis für die Berliner Staatsbibliothek seit ihrer Gründung im Jahr 1661 wäre jeweils die Inbesitznahme ihrer bisherigen drei großartigen Gebäude gewesen, also des ersten eigenständigen Hauses, der Kommode, im Jahr 1784, und dann der Bezug dieses wilhelminischen Großbaues 1914 und schließlich 1978 der Bezug des mit seiner Lesesaallandschaft bis heute unübertroffenen Scharounbaues. Aber das stimmt nicht, das elementarste und folgenreichste Ereignis war sicherlich die Vereinigung, die Wiedervereinigung der beiden temporären Nachfolgeeinrichtungen der Königlichen und Preußischen Staatsbibliothek im Ost- und Westteil der Stadt, die zum 1. Januar 1992 endgültig vollzogen werden konnte. Aber ein Verwaltungsakt, ein Beschluß des Stiftungsrates der Stiftung Preußischer Kulturbesitz kann nur ein Signal sein und einen Prozeß einleiten, um eine jahrzehntelange politisch bedingte Fehlentwicklung und Notsituation zu beenden.

50 Jahre lang hatte diese Institution bis dahin wie keine andere deutsche Bibliothek das Schicksal Berlins und unseres Landes geteilt: sie erlebte nicht nur furchtbare Zerstörungen und eine verlustreiche Evakuierung, sie litt vor allem an einer jahrzehntelangen willkürlichen Zertrennung. Sie war zu Beginn des 2. Weltkrieges mit rund 3 Millionen Bänden und großartigen Sondersammlungen unbestritten die führende Bibliothek Deutschlands. Trotz der zahlreichen anderen bedeutenden Bibliotheken im Land, in Dresden, Göttingen, Leipzig oder München, sah sie sich wie keine andere in unmittelbarer Nachbarschaft zu den ersten europäischen Bibliotheken in London und Paris. Und nun nach dem verlorenen Krieg blieb ein furchtbarer Scherbenhaufen zurück. Vor allem die langfristige Teilung, nicht nur der Bestände, der Kataloge und Verzeichnisse, sondern auch der Aufgaben und Funktionen, aber ebenso des qualifizierten Mitarbeiterstabes, stellte sich als besondere Belastung heraus. Die führende deutsche Bibliothek war zerschlagen; es gab sie nicht mehr.

Wie keine andere Einrichtung war sie das kulturelle und geistige Gedächtnis

Preußens und Deutschlands, und dieses Gedächtnis war durch die Nachkriegsentwicklung tief und schmerzhaft gespalten. Abertausende mündliche und schriftliche Anfragen von Wissenschaftlern aus aller Welt - sei es an diese oder an jene Teilbibliothek – endeten jahrzehntelang mit der bedauernden Antwort: ja, der Band oder das Dokument gehörte einmal zur Preußischen Staatsbibliothek, leider befindet es sich nicht bei uns, vielleicht besitzt es aber die andere Seite. Der großartige zentrale Kuppellesesaal in diesem Haus, er war nicht nur der architektonische Höhepunkt und das bibliothekarische Herzstück der Bibliothek, er war vielmehr mit seinem ihm ganz eigenen Fluidum, wie Leser behaupteten so etwas wie die geistige Mitte Deutschlands. Er ist verloren, wohl für immer.

Aber: Welch eine große Freude und welch ein Glück, daß die Teilung unseres Landes, unserer Stadt und dieser Bibliothek überwunden ist. Voller Stolz und mit Spannung erleben wir heute, wie Berlin sich in wenigen Jahren wieder zu einer großartigen Hauptstadt entwickelt. Atemberaubend sind die Vorbereitungen, Rieseninvestitionen für Regierungsgebäude, großzügige Verkehrsanlagen, und auch auf dem privatwirtschaftlichen Bereich wachsen imposante Großbauten und es entstehen neue Stadtregionen: Potsdamer Platz, Pariser Platz oder Friedrichstraße, um nur drei Beispiele zu erwähnen.

Somit sollte es uns um die Kultur in dieser Stadt, zumindest, soweit der Bund dafür die Hauptverantwortung trägt, eigentlich nicht bange sein. Leider hat das Grundgesetz die Kultur ein wenig stiefmütterlich behandelt. Aber der Einigungsvertrag von 1990, er macht uns Mut und Hoffnung, heißt es doch in seinem Artikel 35: Stellung und Ansehen eines vereinten Deutschlands in der Welt hängen außer von seinem politischen Gewicht und seiner wirtschaftlichen Leistungskraft ebenso von seiner Bedeutung als Kulturstaat ab.

2.

Will man den schwierigen Prozeß der Vereinigung dieser Bibliothek verstehen, so ist ein kurzer Blick in die Zeit der jahrzehntelangen Teilung unvermeidlich.

Bis 1989 gab es zwei selbständige Großbibliotheken in dieser Stadt, jede am Ende mit rund 4 Mio. Bänden und wertvollsten Sondersammlungen. Jede berief sich auf das Erbe der Preußischen Staatsbibliothek, jede hatte wichtige zentrale Aufgaben in ihrem jeweiligen Staat, und doch lebten sie bei aller Parallelität in zwei scharf voneinander getrennten Welten; die Unterschiede zwischen ihnen waren ganz erheblich.

Die östliche Staatsbibliothek hatte wenigstens nach dem Krieg dieses Haus Unter den Linden behalten. Es war zwar erheblich zerstört, konnte aber im Rahmen der begrenzten Möglichkeiten alsbald weitgehend hergerichtet werden. Es war jedenfalls benutzbar; die alten Kataloge waren überwiegend erhalten geblieben, und wenigstens ein Drittel des bisherigen Bestandes konnte in diesem Haus wieder archiviert und zur Verfügung gestellt werden. Damit gelangten hierher zwar weniger Bestände aus den Auslagerungsorten als im Westen nach Marburg, aber in der ersten Nachkriegszeit fanden viele, auch herrenlos gewordene Bestände aus Berlin und Ostdeutschland hier wieder eine neue Heimat. Mit ihrer Hilfe konnten so manche kriegsbedingten Lücken geschlossen werden. Beachtliche Zuwächse, vor allem in den ersten Nachkriegsjahrzehnten, verbesserten die Situation. Hinzu kam der Status als Nationalbibliothek in der Hauptstadt der DDR - in Abgrenzung zu den Funktionen der Deutschen Bücherei in Leipzig - und eine relativ gute Devisensituation zur Beschaffung von Literatur aus dem nichtsozialistischen Ausland; dies alles ermöglichte einen beachtlichen und auch international anerkannten Aufstieg im Rahmen natürlich der begrenzten DDR-Verhältnisse mit zunehmenden Engpässen in der Endphase dieses sozialistischen Staates.

Sehr viel schwieriger war dagegen zunächst der Start der westlichen Nachfolgeeinrichtung in Marburg. Dort gab es für den Flüchtling aus Berlin keine vergleichbar guten Räumlichkeiten. Es fehlten die Kataloge, jahrelang wurden politische und bibliothekarische Diskussionen geführt über die Zukunft, den Status, den Standort, die Aufgaben und die Finanzierung dieser Einrichtung. Leider erst sehr spät, erst 1978 konnten die räumlichen Provisorien in Berlin durch den Bezug des Scharounbaues beendet werden, also erst 33 Jahre nach Kriegsende. Im Jahr 1964 begann die Rückführung in die Inselstadt, und erst 1977 wurde die Dienststelle Marburg aufgelöst.

Dies alles waren erhebliche Nachteile und Belastungen. Sie machen verständlich, daß die Staatsbibliothek Preußischer Kulturbesitz trotz zahlreicher Bemühungen der Einrichtung selbst, der Unterhaltsträger, der Stiftung Preußischer Kulturbesitz und vor allem auch der Deutschen Forschungsgemeinschaft eigentlich nie so richtig in die Fußstapfen ihrer bedeutenden Vorgängerin treten konnte. Es spricht für sie, wie sie mit viel Engagement und Bereitschaft um ihren Platz im westdeutschen Bibliothekswesen gekämpft hat, aber sie war nicht mehr die erste Bibliothek im Land, andere hatten ihr den Rang abgelaufen, auch wenn sie nach Bezug des neues Hauses in der Potsdamer Straße gerade hier für Berlin eine ganz wichtige Rolle übernahm.

Preußen hatte ein elementares Interesse an seiner Bibliothek. Die Königliche und später die Preußische Staatsbibliothek waren ein Eckpfeiler preußischer Kultur- und Wissenschaftspolitik. Dieses repräsentative Gebäude hier dokumentiert, welch eine unverzichtbare und anerkannte Einrichtung diese Bibliothek war. Sie wurde nicht als Last, sondern neben anderen Institutionen als besonderer Stolz des Landes empfunden.

Diesen Status konnte die Staatsbibliothek Preußischer Kulturbesitz nie erreichen, schon weil es kein Preußen mehr gab. Sie war, wie es so schön oder häßlich hieß, eine Universalbibliothek von überregionaler Bedeutung, untergebracht in der Stiftung Preußischer Kulturbesitz. Gegen diese so deutlich reduzierte Position spricht auch nicht der eindrucksvolle Neubau an der Potsdamer Straße, war dieser doch zu einem gut Teil auch ein Geschenk an die Inselstadt Westberlin und wie die Philharmonie zugleich eine Demonstration des Behauptungswillens unweit der deprimierenden Mauer.

3.

Nach dem Fall der Mauer im November 1989 ging alles sehr schnell. Dem ersten Glücksrausch, der emotionalen Umarmung der beiden getrennten Geschwister folgte alsbald die notwendige Nüchternheit, vor allem das so schwierige und wohl einmalige Unterfangen, aus zwei ganz eigenständigen, komplexen, großen Organisationseinheiten unterschiedlicher politischer und staatlicher Herkunft, eine neue Bibliothek zu schaffen.

Wer alte große Bibliotheken und ihre Verwaltungen kennt, ihre notwendigerweise äußerst akribischen, fein verästelten traditionsreichen Organisationsstrukturen, wer nur ein wenig von den so verschiedenartigen west-östlichen Verwaltungsverfahren weiß, die von ganz unterschiedlichen Rahmenbedingungen geprägt waren, wer sich die so andersartigen, in Jahrzehnten gewachsenen Mentalitäten der Menschen in Ost und West, die auch heute, sieben Jahre nach der Wende, noch teilweise spürbar sind, vor Augen hält, wer dieses alles berücksichtigt, der kann die ungezählten wichtigen Vereinigungsaktivitäten, vor allem der ersten Jahre, die von den Mitarbeitern dieser zunächst mal nur auf dem Papier vereinten Einrichtung erbracht wurden, nur mit großem Respekt, ja, z. T. auch mit ehrlicher Bewunderung zur Kenntnis nehmen.

Es ging um die Angleichung unzähliger Arbeitsverfahren, die Integration von Aufgabenbereichen, Vermeidung von Doppelarbeit, Neustrukturierung und Zusammenfassung von Abteilungen, von Beständen, Katalogen, Dienstleistungen und viele andere Anpassungen und Vereinheitlichungsmaßnahmen. Auf viele hergebrachte Traditionen mußte verzichtet werden, neue Gegebenheiten und Zielvorstellungen waren zu akzeptieren.

Die Forderung, aus zwei Bibliotheken wirklich eine mit zwar verdoppeltem Bestand, aber unter Verzicht auf alle unnötigen Zweifachangebote zu gestalten, wurde sehr ernst genommen und mit allen Konsequenzen, teilweise sogar recht rigoros, durchgesetzt. So war z. B. der Monographien- und auch Zeitschriftenerwerb binnen Jahresfrist frei von ungewollten Doppelbeschaffungen.

Daß dieses alles trotz zahlreicher, zum Teil auch politischer Belastungen, politischer Vorurteile und menschlicher Vorbehalte so weitgehend kurzfristig bewerkstelligt werden konnte und relativ reibungslos durchsetzbar war, ist wohl nur mit dem ungewöhnlichen Enthusiasmus der ersten Jahre nach der Wende zu erklären. Gerade bei den Mitarbeitern des Hauses Unter den Linden hier war die Bereitschaft ganz außerordentlich, sich der neuen Aufgabe der Vereinigung zu stellen und Vergangenes aufzugeben. Sie, aber natürlich auch die Mitarbeiter des anderen Hauses, waren in ganz ungewöhnlicher Weise gefordert. Daß die Mitarbeiter hier zugleich tagtäglich das Problem des ungleichen Lohnes bei gleicher Arbeit ertragen und verarbeiten müssen, soll nicht verschwiegen werden. Diese vielfältigen Vereinigungsaktivitäten und – probleme sind hier summarisch erwähnt; sie angemessen zu würdigen, dafür ist die Zeit noch nicht reif. Und der Prozeß der Vereinigung ist ja auch noch längst nicht abgeschlossen.

4.

Für die Vereinigung galt es insbesondere eine gemeinsame Organisationsstruktur zu schaffen, die Bibliothek in eine überschaubare Zahl von Abteilungen zu gliedern, und zwar durchaus in relativer Unabhängigkeit von Standortfragen und räumlichen Gegebenheiten.

Wie nicht anders zu erwarten, gab es zwischen den beiden Vorgängereinrichtungen manche Parallelitäten, aber auch Besonderheiten, vor allem aus unserer Sicht heute DDR-spezifische Besonderheiten der hier untergebrachten Deutschen Staatsbibliothek, für die nach der Wende, nach Wegfall der ostdeutschen Eigenstaatlichkeit keine Basis mehr bestand. So ist es verständlich, daß die Organisationsgliederung der Staatsbibliothek Preußischer Kulturbesitz weitgehend Modellcharakter für die neue Struktur bekam.

Im Zentrum beider Einrichtungen standen die Haupt- und Sonderabteilungen. Zunächst aber noch der Hinweis, daß 1992 - aus der allgemeinen Verwaltungsabteilung ausgegliedert – eine eigenständige Abteilung Informationstechnik geschaffen wurde, um den wachsenden Anforderungen auf diesem Gebiet entsprechen zu können.

Zu den sogenannten Hauptabteilungen gehören die klassischen Abteilungen für Erwerbung, Katalogisierung und Benutzung. Die beiden Abteilungen für Benutzung mit den Zuständigkeiten für die allgemeinen Benutzungsdienste,

Bestände und Lesesäle mußten zu einer Abteilung zusammengelegt werden infolge der verdoppelten und weiter wachsenden Bestände und wegen der deutlich zunehmenden Inanspruchnahmen.

Anders war es bei den Erwerbungs- und Katalogisierungsabteilungen, hier bot sich eine deutliche Umstrukturierung an. Hier haben die Väter der Vereinigung zwei für die künftige Entwicklung der Bibliothek sehr wichtige Entscheidungen getroffen:

Eine neuartige Abteilung für historische Drucke wurde geschaffen; sie setzte sich weitgehend aus Mitarbeitern der Abteilungen für Erwerbung, Katalogisierung sowie der für seltene und kostbare Drucke, alle hier aus diesem Haus, zusammen. Die neue Abteilung ist inhaltlich zuständig für die historischen Drucke aus der Zeit von 1501 bis 1955 entsprechend der vorhandenen Katalogsituation und der systematischen Magazinaufstellung in diesem Haus bis 1955. Es geht in der Abteilung um eine besondere Förderung und Betreuung des wichtigen historischen Buchbestandes, in beiden Häusern rund 3 Millionen Bände. Ihn gilt es laufend und gezielt zu ergänzen und in moderner bedarfsgerechter Form der Wissenschaft zugänglich zu machen, teils im Rahmen nationaler, teils auch besonderer lokaler Projekte und Vorhaben. Dieser in qualitativer und quantitativer Hinsicht für Deutschland einmalige Quellenbestand ist ein ganz besonderes Kapital der Bibliothek, das durch vertiefte wissenschaftliche und wissenschaftsnahe Erschließung für die Forschung besser nutzbar zu machen ist. Diese bewußte Schwerpunktsetzung ist angesichts des wachsenden Interesses der Wissenschaft an den historischen Quellen eine große Chance, auf diesem Sektor wieder den Rang einer Nationalbibliothek einzunehmen.

Damit im Zusammenhang steht die zweite wichtige Entscheidung, die rückwärtige digitale Erfassung der so umfangreichen Kataloge energisch voranzutreiben. Diese Retrokonversion ist zu unserer Genugtuung weit gediehen, und wir haben inzwischen bereits rund zwei Drittel der Nachweise über unsere inzwischen über 9 Millionen Bände elektronisch erfaßt. Wir hoffen, noch in diesem Jahr diesen elektronischen Katalog über eine CD-ROM auch allgemein zugänglich machen zu können.

Diese konzeptionellen Neuentwicklungen sind unabhängig von der gegenwärtigen Zwei-Häuser-Konzeption zu sehen. Die so neue eigenständige Abteilung Historische Drucke hat bei Wissenschaftlern, Buchhistorikern und Bibliothekaren außerhalb der Bibliothek reges Interesse und vielfache Zustimmung gefunden, im eigenen Haus aber zum Teil auch Kritik erfahren, ein ganz natürlicher Vorgang bei einer teilweisen Neugewichtung der Schwerpunkte einer Bibliothek.

Reibungsloser verlief die teilweise Neuordnung der Sonderabteilungen in jetzt neun Organisationseinheiten, von denen gleich noch die Rede sein wird.

5.

Die Väter der Vereinigung der Bibliothek wurden nach der Wende mit zwei großen und wichtigen Gebäuden konfrontiert, mit diesem Haus und dem damals seit rund zwölf Jahren genutzten Scharounbau. Zwei bemerkenswerte und kraftvolle, mehr oder weniger geliebte und bewunderte Baudenkmäler voller interessanter Kontraste. Sie symbolisieren das alte und das moderne Berlin, aber auch in ihrem Erhaltungszustand das östliche und das westliche Deutschland. Dieses Haus steht bereits unter Denkmalsschutz, bei dem anderen ist dies nur eine Frage der Zeit. Beide Bauten sind für uns ein wertvolles Kapital, jeweils in allerbester Berliner Lage, in unmittelbarer Nähe wichtiger Kultur- und Wissenschaftsinstitutionen, verkehrsmäßig hervorragend erschlossen. Sie sind keine zwei Kilometer voneinander entfernt und nur als Archivbibliotheken nutzbar. Auf keines konnten die Planer und Entscheider kurz- oder mittelfristig verzichten. Keines konnte die Staatsbibliothek als Ganzes aufnehmen.

Gab und gibt es zu diesen beiden Häusern langfristig eine realistische Alternative?

Die Verantwortlichen der beiden Vorgängereinrichtungen, die Fachberater des deutschen Bibliothekswesens, die Stiftung Preußischer Kulturbesitz und die Unterhaltsträger sahen diese Alternative nicht.

Die überwiegende Mehrzahl der Mitarbeiter, die meisten Benutzer und Berliner wollen ebenfalls, daß keines der beiden Häuser aufgegeben wird, wobei es ganz verständlich Vorlieben für das eine oder andere Haus gibt. Auch ich unterstütze vorbehaltlos und nachdrücklich die Beibehaltung beider Häuser. Ich bin wie viele froh, daß die Entscheidung Anfang des Jahrzehnts so und nicht anders ausgefallen ist.

Dabei muß eine solche letztlich sehr komplexe Entscheidung zu einer sinnvollen Nutzung und zu einer für den Benutzer auch transparenten und nachvollziehbaren Lösung führen; die Häuser brauchen jeweils vernünftige Schwerpunkte.

Die Staatsbibliothek zeichnet sich durch zwei große Schwerpunkte aus, die sie gerade auch in ihren nationalen Aufgaben deutlich abgrenzen von Der Deutschen Bibliothek mit den Standorten in Frankfurt und Leipzig.

Zum einen hat sie einen deutlich historischen Schwerpunkt, und zum anderen ist sie eine universal sammelnde, moderne Weltbibliothek, die wie keine andere in Deutschland Literatur der Geistes- und Gesellschaftswissenschaften aus aller Welt beschafft und bereitstellt.

Ihr historischer Bestand ist weitgehend der der Preußischen Staatsbibliothek, er befand sich in diesem Haus, für ihn ist das Gebäude errichtet worden, und er gehört einschließlich aller historischen Ergänzungen der letzten Jahrzehnte wieder möglichst vollständig in dieses Haus. Hierzu zählen neben dem Druckschriftenbestand auch die Sammlungen der klassischen Sonderabteilungen für Handschriften, Musikalien und Karten, ergänzt um die der Kinder- und Jugendbuchabteilung.

Im Neubau erwartet der Interessent dagegen zu Recht den gesamten wichtigen aktuellen Bestand in all seinen Zusammenhängen, die deutsche, die westeuropäische Literatur, vor allem aber auch die, welche den großen Weltregionen zugeordnet ist. Dort befinden sich die Osteuropa-Abteilung, die Orient- und die Ostasienabteilung, und im gleichen Gebäudekomplex ist auch das Ibero-Amerikanische Institut untergebracht mit seinen umfangreichen ergänzenden Beständen. Hier wird im wesentlichen die häufig gebrauchte ausleihbare Literatur erwartet und zur Verfügung gestellt, und hier ist das große Informationszentrum der Bibliothek angesiedelt.

Die Staatsbibliothek ist mit ihren inzwischen fast 9,2 Mio. Bänden eine schnell wachsende Archivbibliothek; sie kann nur einen kleinen Prozentsatz ihrer Bestände freihand den Lesern unmittelbar zur Verfügung stellen; fast alle Literatur muß also aus den Magazinen geholt werden und ist in den Lesesälen zu benutzen. Nur die jüngere Literatur ist auch nach Hause entleihbar. In dieser Situation ist es für den Benutzer sekundär, ob diese Magazinliteratur in dem einen oder anderen Haus archiviert wird; wichtig ist, daß sie in beiden Häusern möglichst rasch zur Verfügung gestellt werden kann. Große Flexibilität ist also trotz der klaren Schwerpunkte gegeben: mehr als 90 % des allgemeinen Druckschriftenbestandes sind ausleihbar nach Hause bzw. er kann in dem jeweils vom Benutzer gewünschten Haus gelesen werden.

Nur zwei Ausnahmen, naheliegende Ausnahmen, schränken die beschriebene Benutzungsfreiheit ein: Die alte Literatur mit Erscheinungsjahr vor 1800 - später vielleicht einmal vor 1850 - sollte aus konservatorischen Gründen nicht von einem Haus ins andere transportiert werden. Sie sollte nach Möglichkeit alsbald hier in diesem Haus konzentriert werden, wo auch die Aufsicht über den wertvollen Bestand besser realisiert werden kann. Wir sind mitten in dieser Verlagerungsarbeit und haben ein Viertel davon inzwischen vollzogen. Dies ist also systemkonform und nachvollziehbar, die alte Literatur gehört hierhin.

Nicht ausleihbar sind weiterhin der Freihandbestand der Lesesäle und der frei zugängliche Bestand an Bibliographien. Hier war eine zeitliche Schwerpunktbildung unumgänglich, wobei das Jahr 1945 und nicht das Jahr 1955 zugrunde gelegt wurde. Welcher Bibliothekar oder Wissenschaftler weiß nicht von der Problematik solcher Zeitgrenzen, deshalb sind auch sehr sorgfältig ausgetüftelte Überschneidungen bei diesen Informationsbeständen ausgearbeitet und vor kurzem auch schriftlich fixiert und veröffentlicht worden. Überlappungen sind dabei bewußt vorgesehen; aber sie kosten Geld. Gemessen an den so zahlreichen gewollten und vor allem den ungewollten Mehrfachbeschaffungen in der universitären Literaturversorgung sind unsere diesbezüglichen Probleme gering.

Ich bin zuversichtlich, so wie Universitätsangehörige gelernt haben, zwischen Instituts-, Fakultäts- und zentraler Universitätsbibliothek zu pendeln, haben unsere Benutzer auch die Schwerpunkte unserer beiden Häuser rasch erkannt und wissen die Möglichkeiten beider Häuser zu nutzen, obwohl die beabsichtigte Profilierung wegen der Bauprobleme noch nicht abgeschlossen ist.

Die Konzeption der beiden Häuser konnte hier nur stark verkürzt und vereinfacht dargestellt werden . Ich weiß und erlebe sehr oft, daß der Teufel im Detail steckt.

6.

Bevor ich als letztes zur neuen, vom Bundesrechnungshof veranlaßten Entwicklung komme, möchte ich noch auf einen sehr positiven Aspekt unserer Vereinigungsaktivitäten aufmerksam machen.

In einer größeren Umzugsaktion und nach mehrjährigen Vorbereitungen wird die Staatsbibliothek bis auf eine Ausnahme alle Sonderabteilungen und Sondersammlungen physisch vereinigen und damit einen ganz wichtigen Zwischenschritt erreicht haben.

Im Frühsommer 1995 wurde uns klar, daß die Rekonstruktion dieses Hauses immer teurer und langwieriger wird und anfängliche Zeit- und Kostenvorstellungen nicht zu halten waren. Mit der auch physischen Zusammenlegung der bisher faktisch noch getrennten Sonderabteilungen durfte nicht länger bis zur Fertigstellung dieses Hauses gewartet werden. Dafür mußten auch Provisorien und Zwischenlösungen in Kauf genommen werden. Nach über 50 Jahren der Trennung muß endlich den aus aller Welt kommenden Benutzern dieser großartigen Sondersammlungen an einem Standort der jeweilige Gesamtbestand zur Verfügung stehen. Die Mitarbeiter sollen endlich sieben Jahre nach der Wende ihre Abteilung als Einheit erfahren können; zwei Lesesäle und zwei Benutzungsdienste für eine Abteilung sind unwirtschaftlich. Zugleich muß der besonders wertvolle Sonderbestand in diesem Haus verbessert untergebracht werden.

Nach entsprechenden Vorarbeiten sind folgende sechs Maßnahmen vorgesehen; sie sind z. T. bereits realisiert oder werden noch in diesem Jahr abgeschlossen:

- Die gesamte Handschriftenabteilung wird bis auf den Inkunabelbereich vorübergehend im Scharounbau untergebracht. Sie gehört nach der Konzeption in dieses Haus, aber wir haben hier vor allem noch kein Sicherheitsmagazin.
- Im Gebäude Unter den Linden sind aber bereits alle Inkunabeln zusammengeführt.
- Der umfangreiche, besonders wertvolle Rarabestand befand sich bisher etwa zur Hälfte als Teil der Handschriftenabteilung im Scharounbau. Im letzten Winter wurde er als Einheit hier in einem besonders gesicherten und lokal klimatisierten Sondermagazin in der Verantwortung der Abteilung Historische Drucke aufgestellt.
- Im Spätsommer wird die Musikabteilung hier geschlossen untergebracht. Für die besonders wertvollen Autographe wurde ebenfalls ein gesichertes und klimatisiertes Sondermagazin eingerichtet.
- Die Orientabteilung wird wie vorgesehen im Herbst im Scharounbau vereinigt.
- Schließlich wird im Herbst in einem Ausweichquartier die große Zeitungsabteilung mit den Beständen aus beiden Häusern zusammengefaßt.

Wir sind stolz, daß bis auf die Kartenabteilung, für die wir uns als nächstes um eine Lösung bemühen, alle Sonderabteilungen im Herbst vereinigt sein werden.

7.

Abschließend ein paar Sätze zum Bundesrechnungshof und den sich aus seinen Aktivitäten ergebende n Konsequenzen.

Er kam im Frühjahr 1995 mit dem Ziel der „Feststellung organisatorischer Schwachstellung unter besonderer Berücksichtigung der organisatorischen Auswirkungen der Deutschen Einheit“ und fand wie auch wir, daß die Rekonstruktion dieses Hauses sehr teuer sei. Allerdings hat er nie behauptet, wie immer wieder in der Presse berichtet wird, die Rekonstruktion des Gebäudes würde 1,54 Milliarden DM kosten. Er stellte deshalb die Konzeption mit den zwei Standorten erneut zur Diskussion. Er wollte im März 1996 geprüft wissen, ob nicht die ganze Staatsbibliothek mit allen Beständen und Sammlungen an der Potsdamer Straße untergebracht werden könne; durch Erweiterungen,

Verkleinerung, Auszug des Ibero-Amerikanischen Instituts. Was mit dem Haus Unter den Linden geschehen solle, war ihm gleichgültig.

Mit Unterstützung der Bundesbaudirektion haben nun die Stiftung Preußischer Kulturbesitz und die Staatsbibliothek nachgewiesen, daß aus funktionalen und kapazitativen Gründen und auch aus Kostengründen dies keine brauchbare Alternative sei.

Das Ergebnis zahlreicher Verhandlungen der Bundesministerien mit dem Bundesrechnungshof und dem Haushaltsausschuß des Bundestages, aber auch mit dem Land Berlin und der Stiftung, war schließlich folgendes:

- Zunächst sollen Aufgaben und baurelevante Eckwerte der Staatsbibliothek von drei bibliothekarischen Fachleuten begutachtet werden.
- Auf der Basis dieser Empfehlungen haben sich alle Beteiligten auf ein Profil für die Staatsbibliothek zu einigen.
- Auf dieser einvernehmlichen Grundlage soll ein Unternehmensberater vier verschiedene Standortmodelle unter Wirtschaftlichkeitsgesichtspunkten prüfen und bewerten.
  Modelle sind: das Zwei-Häuser-Modell,
  die Konzentration der Bibliothek an der Potsdamer Straße,
  die Errichtung eines Gesamtneubaues,
  ein Mischmodell zwischen den beiden ersten Varianten.
- Auf der Basis der Empfehlung des Unternehmensberaters soll dann von den Unterhaltsträgern eine letztlich doch politische Entscheidung gefällt werden.

Dieser lange Weg führt natürlich zu bedauerlichen Verzögerungen; die Staatsbibliothek wird dadurch über einen noch sehr viel längeren Zeitraum mit Provisorien leben müssen. Um zu vermeiden, daß durch hohe Investitionen in dieses Haus eine Vorentscheidung für seine Weiternutzung als Teil der Staatsbibliothek getroffen wird, wurde haushaltswirksam festgelegt, daß Haushaltsmittel nur zur Substanzerhaltung und für Maßnahmen der Gefahrenabwehr verwendet werden dürfen. Das ist schlimm, denn die Millionen unzulänglich untergebrachter Bände in diesem Haus bleiben damit noch länger ungesichert und gefährdet.

Die Mitarbeiter speziell dieses Hauses verstehen wie viele andere diese Verzögerungen durch die Haltung der Verantwortlichen in Bonn nicht. So sinnvoll eine aufgabenkritische Überprüfung sein kann, so wenig Verständnis kann dafür aufgebracht werden, daß eine Wirtschaftlichkeitsüberprüfung die Lösung bringen soll. Die Verpflichtung gegenüber dem kulturellen Erbe - und dazu gehört auch dieses Gebäude an dieser Stelle der Stadt - besteht nun einmal und sie kann nicht durch den Rechenstift eines Unternehmensberaters auch nur vorgeprüft werden.

Der Schaden, den die gegenwärtige Unsicherheit mit sich bringt, ist groß. Die ängstliche Frage, nicht nur bei Mitarbeitern dieses Hauses, ob nun doch noch die Abwicklung des Ostteils der vereinigten Staatsbibliothek bevorsteht, wird immer lauter gestellt.

Trotz dieser Probleme, die nicht unterschlagen werden durften: die neue vereinigte Staatsbibliothek ist in den letzten fünfeinhalb Jahren ein erhebliches Stück weitergekommen. Sie ist wieder die größte deutsche Bibliothek. Sie zeigt sich wieder als wichtige und lebendige Institution in Berlin. Ihr Kapital sind die hervorragenden historischen und modernen Bestände, ihre Kompetenz und gerade auch für Berlin ihre beiden großen Häuser.

Sie ist dabei, neue und wichtige Schwerpunkte zu setzen, mit ihrer Abteilung für historische Buchbestände, bei der deutlich forcierten Bestandserhaltung. Wie keine andere deutsche Bibliothek pflegt sie den Kontakt nach Polen und Osteuropa und ist in diesem Zusammenhang glücklich über das neue, von der Deutschen Forschungsgemeinschaft weitgehend finanzierte Sondersammelgebiet Slawistik. Sie weiß sich in besonderer Weise dem kulturellen Erbe der DDR-Zeit verpflichtet, z. B. durch den Erwerb sehr interessanter Nachlässe. Auch auf dem Sektor der Informationstechnik wird sie alsbald ihre bisher etwas zurückhaltende Position aufgeben. Gerade in diesen Tagen gehen die Angebote auf eine Ausschreibung für ein großes integriertes System ein. Wir sind trotz aller Bau- und Standortprobleme auf einem guten Weg.

BERNHARD FABIAN

Die Staatsbibliothek als internationale Forschungsbibliothek

Die Staatsbibliothek zu Berlin, wie sie mit ihrem vierten oder fünften Namen heute heißt, ist in ihrer langen Geschichte noch nie so unzutreffend bezeichnet worden. Was immer die Gründe für die Namenswahl gewesen sind, sie wird der Eigenart der Bibliothek nicht gerecht und sie setzt die Bibliothek in ihrer Bedeutung herab. Im Ausland ist mir die Frage gestellt worden, warum sie neuerlich nicht in Brandenburgisch-berlinische Landesbibliothek umbenannt worden sei. Das wäre, so der Kommentar, nicht nur verfassungskonform und kommensurabel zum deutschen Rückzug in die Region gewesen; es hätte vor allem signalisiert, wie wenig Deutschland nach seiner Wiedervereinigung wirklich bereit und in der Lage sei, im kulturellen Europa die immer wieder proklamierte größere Verantwortung zu übernehmen.

Die Staatsbibliothek gehört zu jener Spitzengruppe von Bibliotheken, die bei der Sammlung, Bewahrung und Vermittlung der gedruckten Überlieferung in Europa eine herausragende Position einnehmen. In ihrer Entwicklung hat sie fast alle Stadien durchlaufen, die für die Herausbildung der zentralen Bibliotheken in den meisten Ländern des Kontinents charakteristisch sind. Ihre Geschichte weist, wie die jeder dieser Bibliotheken, eine unveräußerliche politische Komponente auf. Diese politische Komponente verbietet es, sie als einen bloßen Speicher für Gedrucktes zu betrachten, über den – gleichviel in welcher Situation – nach momentanem Gutdünken disponiert werden kann.

Die großen europäischen Bibliotheken sind allenthalben aus königlichen Hofbibliotheken hervorgegangen, die mit unterschiedlicher Intensität gepflegt wurden. Prototypisch für ihren Funktionswandel im Übergang vom feudalen zum demokratischen Zeitalter ist die in der Französischen Revolution vorgenommene Umwandlung der von König Franz I. schon während der Renaissance gegründeten Bibliothèque du Roi in die Bibliothèque Nationale (neuerdings Bibliothèque de France). Damit war für die zentrale Bibliothek Frankreichs – und in der Folge für die zentralen Bibliotheken in ganz Europa – nicht nur ein unentrinnbares politisches Umfeld definiert. Es war auch jener symbolische Ort geschaffen, an dem sich die geistige Substanz eines Landes wie nirgendwo sonst in physischer Präsenz darbieten konnte und darbieten sollte. Die europäischen Nationalbibliotheken, wo immer sie sich finden, gehören zu den bedeutsamsten Kulturschöpfungen des neunzehnten Jahrhunderts. Sie sind Mainifestationen nationalen Selbstbewußtseins oder nationaler Bewußtwerdung. Die Etablierung einer Nationalbibliothek wurde durchweg als Geste kultureller Affirmation verstanden.

Die Impulse zum Ausbau dieser Bibliotheken kamen indessen nicht primär aus der Politik. Sie kamen aus der Wissenschaft, deren rapide Entwicklung die Schaffung von Literaturreservoiren erforderte, die umfassender und differenzierter waren als die bis dahin verfügbaren Bibliotheken. Die sich herausbildende „Großwissenschaft" (wie sie Theodor Mommsen im späten neunzehnten Jahrhundert nennen sollte)[1] verlangte nach Großbibliotheken. Diese hatten idealerweise den Charakter von universalen Kulturarchiven, deren Kernbestand jeweils eine möglichst komplette Sammlung der Nationalliteratur war. Der Theoretiker und Architekt des ersten Archivs dieser Art war Antonio Panizzi, Bibliothekar des Britischen Museums. Unter ihm begann schon in den dreißiger Jahren des neunzehnten Jahrhunderts der beispiellose Ausbau der Londoner Bibliothek.

In Deutschland verliefen die „vier bis fünf Dezennien nach dem Friedensschluß von 1815 ohne lebhafte Regung auf dem Gebiete des Bibliothekswesens." So ein Bericht von 1893.[2] Die 1810 gegründete Berliner Universität verfügte erst 1832 über eine eigene – lächerlich kleine – Bibliothek, die bis 1874 nebenher vom Oberbibliothekar der Königlichen Bibliothek verwaltet wurde.[3] Anfänglich fungierte daher die Königliche Bibliothek als Universitätsbibliothek. Diese wies indessen, so ein Memorandum des Senats der Berliner Universität von 1814, vor allem „Unvollständigkeit und Mangel zweckmäßiger Organisation" auf.[4]

Die unabdingbare Wissenschaftsfürsorge führte nach und nach zu einem ersten, für den historischen Rückblick noch zögerlichen Bestandsausbau der Königlichen Bibliothek. Die vornehmlichen Kennzeichen des Ausbaus waren die Beschaffung von wissenschaftlicher Literatur und die retrospektive Bestandsergänzung über ein beträchtliches Spektrum von Disziplinen unter genereller Einbeziehung, aber nicht vorrangiger Berücksichtigung der deutschen Nationalliteratur. Zwischen 1807 und 1870 wurden auf diese Weise etwa 50 größere und kleinere Sammlungen mit etwa 120.000 Bänden in die Königliche Bibliothek inkorporiert, die sich zunehmend als Gelehrtenbibliothek von universalem Zuschnitt verstand. Ungeachtet solcher Verbesserungen blieb sie hinter

[1] *Reden und Aufsätze* (Berlin 1905; rpt. Hildesheim 1976), S. 209.

[2] Karl Dziatzko, *Entwicklung und gegenwärtiger Stand der wissenschaftlichen Bibliotheken in Deutschland mit besonderer Berücksichtigung Preußens* (Leipzig 1893), S. 22.

[3] *Handbuch der historischen Buchbestände,* XIV, 127 f.

[4] Vgl. ibid., S. 57.

vergleichbaren Bibliotheken zurück, nicht nur des Auslandes, sondern auch des Inlandes.[5]

Der Schock der Erkenntnis kam nach der Reichsgründung von 1871. Der politische Bezugsrahmen für alle Kulturinstitutionen änderte sich schlagartig durch eine internationale Ausweitung. Neben vielem anderen wurde offenbar, daß es der neu etablierten Großmacht auch an einer Bibliothek fehlte, die in ihren Beständen und in ihrer Leistungsfähigkeit europäisches Niveau aufwies. Die Königliche Bibliothek war – mehr schlecht als recht – als preußische Landesbibliothek gepflegt worden. Sie war, so Theodor Mommsen im Januar 1874 vor dem Abgeordnetenhaus, in einem „entsetzlichen Zustand" und „eine der schlechtesten der jetzt vorhandenen großen Bibliotheken." Es galt, mit der Neukonzeption der Bibliothek „eine Schande von der deutschen Nation zu nehmen."[6]

Das Konzept für die Königliche Bibliothek als Großbibliothek internationalen Formats entwarf der berühmte Ägyptologe Richard Lepsius, von 1873 bis 1884 ihr Direktor. Seine Denkschrift ist eines der herausragenden Dokumente der deutschen Bibliotheksliteratur. Sie ist die Magna Charta dieser Bibliothek. Gleichwohl ist sie nur in einigen Zitaten veröffentlicht worden.[7] Die Bibliothekare haben Lepsius nie als einen der ihren akzeptiert, und die Zeitgenossen bedachten ihn mit einem schnöden und hämischen Nachruf.[8] Das steht in eklatentem Widerspruch zu der Vision, die Lepsius von dieser Bibliothek hatte:

„Die Landesbibliothek eines großen Kulturstaates soll die gesamte wichtigere gedruckte Litteratur bis auf die Gegenwart, und von der handschriftlichen so viel sie erlangen kann, besitzen, sie sicher und geordnet aufbewahren und dem studirenden Publikum möglichst zugänglich und nutzbar machen. Der Staat, der eine solche Bibliothek besitzt, hat ein unauslöschliches Gedächtniß zur Disposition für alles, was nicht nur unsere eigene Vorzeit sondern die gesamte Menschheit an Thaten und Gedanken verzeichnet hat. Dieses Gedächtniß zu pflegen und auszunutzen ist für einen solchen Staat eine Nothwendigkeit der Selbsterhaltung und des geistigen Wachsthums, und zugleich eine weit hin leuchtende Ehre desselben. Bisher haben dies nur England und Frankreich, welche an der Spitze der Civilisation wandelten, verstanden und danach gehandelt. Es kommt jetzt die Reihe an Deutschland, welches diesem Beispiele

5 Ibid., S. 57 ff.

6 *Reden und Aufsätze*, S. 215-227.

7 Die einzige ausführliche Studie ist Wolfgang Schmitz, „Das Gutachten von Richard Lepsius über die Reorganisation der Königlichen Bibliothek aus dem Jahre 1884", *Bibliothek: Forschung und Praxis* 18 (1994), 77-88.

8 Vgl. *Centralblatt für Bibliothekswesen* 1 (1884).

folgen muß; und so weit äußere Umstände noch verhindern, in dem genannten Sinne eine Deutsche Reichsbibliothek hinzustellen, muß, wie schon so oft, Preußen an die Stelle von Deutschland treten, und diese große Aufgabe, so weit es vermag, über sich nehmen".[9]

Lepsius' Denkschrift von 1884 dürfte den Anstoß zu dem 1885 erlassenen „Statut für die Königliche Bibliothek zu Berlin" gegeben haben, mit dem ihr Erwerbungsprogramm festgelegt wurde. Danach war es, in der berühmten Formulierung, ihre „Aufgabe, in möglichster Vollständigkeit die deutsche und in angemessener Auswahl auch die ausländische Literatur zu sammeln".[10] Dieses Statut ist der erste und bislang der einzige staatliche Auftrag, der an eine Bibliothek in Deutschland ergangen ist, das deutsche Schrifttum laufend und retrospektiv mit dem Ziel der Vollständigkeit zu sammeln. Daß die ausländische Literatur als Bezugsliteratur für das eigene Schrifttum dazugehörte, entsprach dem Verständnis der Epoche, die sich – ungeachtet nationalistischer Tendenzen – stets der Internationalität des literarischen und wissenschaftlichen Lebens bewußt war.

Zwischen der Reichsgründung und dem Beginn des Ersten Weltkriegs gewann die Berliner Bibliothek ihr spezifisches Profil – ein Profil, das von den besonderen Konstellationen der Epoche geprägt wurde und das neben positiven auch negative Züge aufweist. Der Ausbau ihrer Bestände war eine Tour de force, und er wurde nicht nur von sachlichen Erwägungen bestimmt. Er erfolgte mit stetem Blick nach London, Paris und später auch nach Washington und war bestimmt von der unerbittlichen kulturellen und wissenschaftlichen Konkurrenz zwischen den Großmächten, die die zunehmend spannungsgeladenen Jahrzehnte vor 1914 allenthalben kennzeichneten. Diese Konkurrenzmentalität trat besonders stark in Deutschland hervor, weil es sich im Hinblick auf seine Kulturinstitutionen als die „verspätete Nation" empfand, die es in der Tat auch war.

Mit dem Berliner Kulturkomplex meldete Deutschland seinen Anspruch an, im kulturellen Europa eine Rolle zu spielen, mit der es ebenbürtig neben England und Frankreich bestehen konnte. Wie großartig, ja einmalig dieses Konzept war, zeichnet sich im internationalen Vergleich ebenso ab wie im historischen Rückblick. Es wird heute im Ausland häufig distinkter wahrgenommen als in Deutschland selbst, wo man sich bei konzeptioneller Inkonsequenz in föderalistischer Zurückhaltung gegenüber dem preußischen Kulturerbe gefällt.

Als Mittelpunkt und intellektuelles Zentrum dieses Komplexes wurde stets

[9] Universitätsbibliothek Heidelberg, Heid. HS. 899, fol. 194r. Mit freundlicher Genehmigung der Bibliothek.

[10] *Centralblatt für Bibliothekswesen* 3 (1886), 108-111.

die Literatursammlung empfunden, die erst kurz vor dem Beginn des Waffengangs in Europa ihr „Gehäuse" erhielt – ein „Gehäuse", das, wie es im Vorentwurf zur Denkschrift von Lepsius heißt, „berechnet sein muß auf den Geist, der darin herrschen soll."[11] Reicht es heute aus, diese Bibliothek und das Gebäude, in dem wir uns befinden, als „geistige Mitte" von Berlin zu bezeichnen? Geht es nicht um mehr als die Mitte einer Stadt, auch wenn diese Stadt die Hauptstadt Deutschlands ist?

Was in der Königlichen Bibliothek in wenigen Jahrzehnten dank Sachkenntnis und intensiver Bemühung zusammengetragen wurde, verdient mehr als Respekt: es verdient Bewunderung. Es im einzelnen aufzuführen, verbietet sich an dieser Stelle. Aber es muß mit Nachdruck herausgestellt werden, daß es sich um ein Literaturkontinuum handelt, wie es sich nirgendwo sonst in Deutschland findet. Es gibt Bibliotheken, die größere Bestände als die Berliner Bibliothek in einzelnen Epochen oder auf einzelnen Gebieten aufweisen. Die größte Inkunabelsammlung Deutschlands ist nicht in Berlin, und die umfangreichsten Bestände des deutschen Schrifttums aus dem sechzehnten und siebzehnten Jahrhundert sind ebenfalls nicht hier anzutreffen. Aber schon für das achtzehnte Jahrhundert ändert sich das Bild, und für das deutsche Schrifttum des neunzehnten Jahrhunderts dürfte es nirgendwo dichtere Bestände geben als in dieser Bibliothek.

In Berlin wurde unter dem Zwang der in London und Paris etablierten Normen die Wendung von der wissenschaftlich motivierten Literatursammlung zum Kulturarchiv der gedruckten Überlieferung mit größerer Konsequenz vollzogen als irgendwo sonst in Deutschland. In Berlin sammelte man – spät im neunzehnten Jahrhundert, dann aber auch nach Möglichkeit retrospektiv – vieles, um das man sich früher nicht gekümmert hatte und das allenthalben als nicht bibliothekswürdig angesehen wurde. Dazu gehört die verschmähte Schöne Literatur bis hin zu ihren trivialen Ausläufern. Dazu gehört auch die Gebrauchsliteratur, die zusammen mit anderem Schrifttum ehedem nicht dem Kanon der gelehrten Bibliothek entsprach und deswegen nicht gesammelt wurde. So akkumulierte sich in dieser Bibliothek ein exzeptioneller Fundus an Quellenschrifttum unterschiedlichster Art, der auch späterhin nach Kräften vermehrt wurde. Das Forschungspotential der Bibliothek ist daran abzulesen, daß sie bereits 1913 etwa 11.000 Zeitschriften hielt.[12]

Der Bestand an ausländischer Literatur jedweder Art ist immer wieder überraschend, obwohl sie nur „in angemessener Auswahl" angeschafft werden sollte. Unter den knapp eine Million Bänden des historischen Gesamtbestandes

[11] Vgl. Anm. 9, fol. 166r-v.

[12] So Harnack in seiner Rede zur Einweihung des Neubaus.

(bis 1900) finden sich, um nur ein Segment herauszugreifen, 70.000 französische (fast zehn Prozent des systematisch aufgestellten Hauptbestands). Die Sondersammlungen der Bibliothek sind allenthalben berühmt. Es wäre unangemessen, hier einige auf Kosten anderer in ihrer Bedeutung herauszuheben. Ein Beispiel mag daher genügen: Die historische Kartensammlung ist mit etwa 250.000 Karten und etwa 3500 Atlanten die größte und bedeutendste in Deutschland.[13]

Es gehört zum Schicksal dieser Bibliothek, daß sie den unbestrittenen Status einer alles überragenden Nationalbibliothek, wie wir sie aus anderen Ländern kennen, nicht zu erreichen vermochte. Sie war – und sie ist dies ungeachtet ihres Kriegs- und Nachkriegsschicksals noch immer – eine umfassende Universalbibliothek, aber dem Ziel, das Lepsius ihr gesetzt hatte, hat sie sich nur annähern können. „Was für England und London die Bibliothek des British Museum," forderte Lepsius, „und für Frankreich und Paris die Bibliothèque nationale, das muß die hiesige Königliche Bibliothek für Berlin und Deutschland werden."[14]

So forciert der Bestandsaufbau gegen Ende des neunzehnten Jahrhunderts vorangetrieben wurde, er war im Vergleich zu dem, was anderwärts in Europa geschah, halbherzig und in seinen von Friedrich Althoff festgelegten bibliothekspolitischen Perspektiven auch zukunftsblind. Bei der Übernahme des Generaldirektorats verglich Harnack die Königliche Bibliothek zu ihrem Nachteil mit den Bibliotheken in London und in Washington. Und bei der Eröffnung der Neubaus beklagte er die Lücken, die noch allenthalben klafften. „Das letzte Drittel der Neuerscheinungen und leider ein sehr großer Teil der alten Literatur" fehlten der Bibliothek im Jahre 1912, wie ihr Erster Direktor dokumentierte.[15] Der Bibliotheksausbau war dem Staat nicht wichtig genug. An der um 1890 einsetzenden Vernachlässigung der Bibliotheken leiden wir noch immer. Im Vergleich zu den großen Nationalbibliotheken Europas war die Königliche Bibliothek eine unvollkommene Nationalbibliothek. Sie ist dies auch in ihrer weiteren Geschichte geblieben, besonders nach der Gründung der Deutschen Bücherei in Leipzig, die die Archivierung des neu erscheinenden deutschen Schrifttums ab 1913 übernahm.

Indessen hat sich die historische Substanz der Bibliothek trotz aller Verluste und trotz ihres Kriegs- und Nachkriegsschicksals im Wesentlichen erhalten. Es ist eine Substanz, auf die wir nicht verzichten können und mit der wir sorgfältig und überlegt umgehen müssen. In vieler Hinsicht hat keine andere Bibliothek in Deutschland eine bessere Substanz aufzuweisen. Ungeachtet

[13] Angaben nach *Handbuch der historischen Buchbestände.*

[14] Vgl. Anm. 9, fol. 170v.

[15] Paul Schwenke in *Centralblatt für Bibliothekswesen* 29 (1916), 536-542.

aller Unvollkommenheiten, der Zerstörungen und der Einbußen muß diese Substanz gepflegt und bewahrt werden. Und sie muß auch unter Bedingungen, die den gewandelten Anforderungen an die Bibliotheken entsprechen und heute und morgen zukunftsweisend sind, zugänglich gemacht werden. Was geschieht und geschehen muß, kann und darf nicht allein in unserem eigenen Interesse und für uns selbst geschehen. Diese Bibliothek ist eine europäische Bibliothek.

Die Aufgabe, die sich heute stellt, ist die Rückführung der Staatsbibliothek in jenen europäischen Kontext, in den sie als große internationale Bibliothek gehört. In ihr manifestierte sich, wie deutlich geworden sein dürfte, im neunzehnten Jahrhundert der Anspruch Deutschlands auf kulturelle Präsenz unter den Großmächten des Kontinents. Heute tritt an die Stelle dieses Anspruchs die Verpflichtung zur kulturellen Präsenz in einem Europa, das sich als Ensemble von Nationalkulturen herausbildet oder schon herausgebildet hat. In diesem Europa hat Deutschland wie auf anderen Gebieten so auch im Bibliotheksbereich seinen Part zu übernehmen.

Die Rekonstitution der Staatsbibliothek als Großbibliothek muß über die gesamte Leistungsbreite erfolgen, die dieser Typus von Bibliothek gegenüber einem fein gegliederten Benutzerspektrum heute zu erbringen hat. Die moderne Großbibliothek ist nicht, wie vielfach und sogar in bibliothekarischen Fachkreisen postuliert wird, ein technologisiertes Informationszentrum mit einer „Nostalgie-Abteilung für alte Bücher".[16] Sie ist ein komplexes Gebilde mit einer hochgradigen Funktionsdifferenzierung, die sich gerade dort weiter ausbildet, wo sie in der Regel weder vermutet noch für nötig erachtet wird: in der Bewahrung, Erschließung und Benutzung von historischen Beständen. Hier treten auch die diffizilsten Anforderungen an die Technisierung und technische Ausstattung einer Großbibliothek auf.

Die Unterscheidung zwischen der Gebrauchsbibliothek (die primär der Wissens- und Informationsaufnahme mit Hilfe des Buches und anderer Textträger dient) und der Forschungsbibliothek (die eine höhere Leistungsfähigkeit als die Gebrauchsbibliothek aufweist und darüber hinaus die wissenschaftliche Erforschung von Buch und Text als physischen Gegenständen ermöglicht) ist international etabliert. Sie hat allenthalben, besonders im angloamerikanischen Raum, zu vielfältigen Formen der Verbindung und Trennung von Funktionen im Bibliotheksbereich geführt. Jede Großbibliothek muß heute Funktionen auf neue Art bündeln und zugleich Funktionen auf eine bisher nicht übliche oder notwendige Weise voneinander trennen. Sie kann auf eine Differenzierung ihres Leistungsspektrums nicht verzichten – es sei denn, sie

16 Formulierung von F. G. Kaltwasser.

gäbe ihren Anspruch auf, ein Ort zu sein, an dem sich die textliche Überlieferung zu höchster Signifikanz verdichtet.

Die Situation, in der Lepsius seine Denkschrift für die Königliche Bibliothek vorlegte, ist wiedergekehrt. England und Frankreich haben, um das ihnen verfügbare „unauslöschliche Gedächtnis zur Disposition“ bereitzuhalten, für ihre Nationalbibliotheken neue „Gehäuse“ geschaffen, die die Gebrauchsbibliothek *und* die Forschungsbibliothek in sich vereinen, sie aber funktionell voneinander trennen. England und Frankreich haben sich in Europa wiederum an die Spitze gesetzt. Alles läuft auf die lapidare Bemerkung von Lepsius hinaus: „Es kommt jetzt die Reihe an Deutschland, welches diesem Beispiele folgen muß.“

Die deutsche Lösung für die Großbibliothek in der Hauptstadt wird anders aussehen müssen als in England oder Frankreich. Aber sie wird sich, wenn wir nicht in die Regionalität und über die Regionalität hinaus in die Provinzialität verfallen wollen, als Äquivalent zu den großen Lösungen in London und Paris darzubieten haben. Die beabsichtigte Zweiteilung – eine Bibliothek mit zwei Standorten und ausgeprägter Funktionstrennung - ist weder ungewöhnlich noch unrealisierbar. Sie mag aufwendig sein, aber Vergleichbares leisten wir uns bereits mit Der Deutschen Bibliothek, die auf mehrere Standorte verteilt ist. Und die Zweiteilung von Gebrauchsbibliothek und Forschungsbibliothek ist offenbar auch eine plausible Lösung. Zumindest wird sie unter anderem für die Nationalbibliotheken in St. Petersburg und in Ljubljana realisiert, wo der erforderliche Aufwand kaum leichter zu erbringen sein dürfte als in einem sich völlig verarmt gerierenden Deutschland.

Wenn ich als Benutzer sprechen darf: Die Unvermeidlichkeit der Zweiteilung ergibt sich nicht zuletzt aus der Problematik der von Scharoun geschaffenen Bibliothek. Bei Scharouns Bau klaffen, wie bei wenigen Bibliotheken, architektonischer Anspruch und praktischer Nutzwert auseinander.[17] Als Gebrauchsbibliothek ist sie sicher geeignet und mit ihren „Wanderwegen und Überraschungs-Aussichten“ vielleicht auch reizvoll.[18] Als Forschungsbibliothek ist sie von ihrer Anlage und Ausführung her höchstens eingeschränkt tauglich. Daraus ergibt sich die Notwendigkeit, die alte Bibliothek, um die es hier und heute geht, nicht nur zu sanieren. Sie muß bibliothekstechnisch auch so modernisiert werden, daß sie den Bedürfnissen einer wissenschaftlichen Benutzung genügt, die die vorhandenen Bestände, vor allem auch die historischen Bestände, in ihrer Breite und in ihrer Qualität voll ausschöpfen möchte.

[17] Vgl. Günter Baron, „Der Scharounbau der Staatsbibliothek zu Berlin – Preußischer Kulturbesitz,“ in *Bibliotheksbauten in der Praxis: Erfahrungen und Bewertungen*, hrsg. von Roswitha Poll und Bertram Haller (Wiesbaden 1994), S. 93-112.

[18] So Ilona Schlumpf in *Berlin '79: Das Jahr im Rückspiegel* (Berlin 1979).

Ich plädiere nicht dafür, die Staatsbibliothek zu Berlin als Nationalbibliothek für die Bundesrepublik zu etablieren. Aber ich halte es für unumgänglich, ihre Rolle neu zu konzipieren: nicht nur als Berliner Bibliothek, so wünschenswert das sein mag, sondern vor allem als internationale Forschungsbibliothek. Angesichts des Umstandes, daß im Rahmen dieser Veranstaltung niemand offiziell dafür spricht, daß es an dieser Bibliothek ein nationales Interesse (und nicht nur, in bundesrepublikanischer Terminologie, ein überregionales Interesse) gibt und geben muß, möchte ich mit der Frage schließen, ob wir uns in kulturellen Lebensfragen dieses Landes auf die Dauer jene förderalen Blockaden leisten können, die uns kulturpolitisch und wissenschaftlich in gleicher Weise zurückwerfen.

Wer immer über das Schicksal dieser Bibliothek zu entscheiden hat, sollte sich jetzt, da „die Reihe an Deutschland kommt", in London und in Paris umsehen, aber auch in Kopenhagen und in Zagreb. In diesen großen und kleinen Metropolen Europas sind die Bibliotheken der Zukunft im Entstehen oder schon in Betrieb.

KLAUS-DIETER LEHMANN

Die Staatsbibliothek zu Berlin im Kreis der großen National- und Staatsbibliotheken

Kaum eine andere kulturelle Einrichtung in Deutschland hat die Folgen des 2. Weltkrieges so intensiv und so ausdauernd erfahren wie die ehemalige Preußische Staatsbibliothek. Vom Entwicklungshöhepunkt als bedeutendste Bibliothek in Deutschland durch den 2. Weltkrieg vom Sockel gestoßen, zerbrach die Tradition der 1661 gegründeten Bibliothek in den Bombennächten des Jahres 1944.

Es entstanden im geteilten Deutschland zwei geteilte Bibliotheken, deren Bestand sich durch die Zufälligkeit der Auslagerungsorte in Ost und West ergab: die Deutsche Staatsbibliothek im notdürftig hergerichteten Bau Unter den Linden und die Staatsbibliothek Preußischer Kulturbesitz, die über verschiedene Zwischenstationen 1978 den modernen Scharoun-Bau in Westberlin beziehen konnte.

Die dramatischen Veränderungen in Osteuropa, die friedliche Revolution in der DDR vollbrachten dann 1990 das, was keiner mehr glauben wollte oder konnte: ein vereintes Deutschland. Berlin wechselte von der Peripherie ins Zentrum. Seit dem 01.01.1992 sind die beiden Berliner Staatsbibliotheken als Staatsbibliothek zu Berlin zu einer Bibliothek vereinigt. Ein direktes Anknüpfen an die Struktur der Preußischen Staatsbibliothek bleibt trotzdem verwehrt. Geschichte läßt sich weder zurückdrehen noch auslöschen, bestenfalls bewältigen. Dafür können wir engagiert eintreten. Die Frage nach der jeweils höheren Legitimation der beiden Teile ist müßig und akademischer Natur. Sie verkennt, daß weder das Festhalten an Gewohnheiten noch das Pochen auf ältere Rechte oder auf höhere Modernität die entscheidenden Argumente liefern. Es wird hierzulande allzuviel in die Sphäre letzter Gewissensfragen gehoben oder auf die lange Bank geschoben. Die Argumente müssen auf einer rationalen Ebene der Bewertung formuliert werden.

Entscheidend ist, daß die Aufgabenstellung der Staatsbibliothek funktional begründet wird und nicht nur als Institution per se.

Entscheidend ist, daß ihre Entwicklung der kulturellen Mentalität und den wissenschaftlichen Bedürfnissen entspricht und Tradition als lebendige Verpflichtung begriffen wird.

Entscheidend ist, daß die Bibliothek nicht auf eine quantitative Existenz reduziert wird, sondern daß sie im Gegenteil als Ort der geistigen Stimulanz Beziehungen zwischen der individualisierten Gesellschaft und der kulturellen Tradition ermöglicht.

Entscheidend ist schließlich, daß sie die Chancen zu einer zügigen Anpassung an die tiefgreifenden Änderungen im Informations- und Bibliotheksbereich erhält, die sie zukunftsfähig und kooperationsfähig machen.

Die Staatsbibliothek zu Berlin verfügt heute mit einem Bestand von über 9 Mio. Druckschriften und einem jährlichen Zugang von 150.000 Erwerbungen über einen herausragenden Fundus wissenschaftlicher Literatur aus allen Ländern, Sprachen und Fachgebieten, mit einer großen historischen Dimension und einer tiefen fachlichen Staffelung. Die geisteswissenschaftlichen Fächer bilden dabei einen besonders ausgeprägten Schwerpunkt. Innerhalb der verschiedenen Publikationsformen besetzen wiederum die wissenschaftlichen und kulturellen Zeitschriften mit mehr als 38.000 laufenden Titeln ein prägendes Segment.

Trotz der eindrucksvollen Zahlen beträgt die Zahl der Erwerbungen weniger als 10 % der Weltproduktion der Druckschriften mit weiter fallenden Tendenz. Weniger als ein Drittel der Neuerwerbungen stammt aus Deutschland, über zwei Drittel aus dem Ausland. Das Beschaffungsprofil richtet sich auf originäre Beiträge zur Forschung, auf ihren langfristigen Archivwert und auf eine innere Kohärenz der Bestände im Sinn einer fiktiven Universalität. Die Kohärenz spielt auch für nachträgliche Ergänzungen der historischen Bestände eine Rolle. Nahezu ein Viertel der Erwerbungsmittel werden dafür aufgewendet (u.a. Sammlung Deutscher Drucke).

Wichtige regional definierte Sonderabteilungen ergänzen den Allgemeinbestand. Dazu zählen die Orientabteilung, sicher die größte in Europa, die Ostasienabteilung, die Osteuropaabteilung. Hinzu kommt singuläres historisches Kulturgut von internationalem Rang: abendländische Handschriften, Nachlässe und Autographen, Wiegendrucke, Musikalien, Karten usw. Es sind teilweise die bedeutendsten Sammlungen ihrer Art in Deutschland. Sie ermöglichen aufgrund ihrer Dichte und der Beziehungen zueinander die Vermittlung der intellektuellen und kulturellen Überlieferung, die Auseinandersetzung mit anderen Kulturen und ihre Rezeption im eigenen geistigen Umfeld – eine großartige Chance für die Wissenschaft.

Betrachtet man sich die Bestandsgeschichte der Staatsbibliothek zu Berlin, so könnte man folgern, sie war zu nichts verpflichtet, außer zu sich selbst – abgesehen von auftretenden ökonomischen Zwängen. Anders als beispielsweise Universitätsbibliotheken folgte der Bestandsaufbau nicht akuten Nutzerbedürfnissen sondern lang angelegten Leitlinien. Der Begriff Autarkie wäre hier sicher nicht falsch benutzt. Wir benötigen solche ruhenden Inseln, ermöglichen sie doch in besonderer Weise neue Entdeckungen und neue Verbindungen im Strom der Geschichte. Und da wir in Deutschland nie über eine einzige Nationalbibliothek verfügten, sondern aufgrund mehrerer geistig-intellektuellen Zentren auch folgerichtig mehrere dieser ruhenden Inseln der Textkultur hatten, befinden sich Staatsbibliotheken in München, in Dresden, in Stuttgart und an weiteren Plätzen, wenn auch von unterschiedlichem Rang und unterschiedlicher Größe.

Die schiere Bestandsgröße und die autarke Bestandspflege waren Werte noch bis ins 20. Jahrhundert. Bibliotheken stellten ihre Rangliste nach Mio. Bänden auf. Zweifellos ist ein umfassender Bestand ein einmaliger Wert und seine Pflege eine besondere Verpflichtung. Aber das genügt heute nicht mehr für eine Universalbibliothek mit dem Anspruch einer Forschungsbibliothek.

Universelles Sammeln verbietet sich heute schon aus Gründen des umfangreichen quantitativen Literaturpotentials. Es liegt deshalb nahe, kooperative Modelle des Bestandsaufbaus zu finden. In Deutschland sind besonders die Möglichkeiten zur Zusammenarbeit mit den Staatsbibliotheken und Sondersammelgebietsbibliotheken zu nennen. Unsere überregionale Literaturversorgung beruht auf einem geplanten dezentralen System.

Ebenso entscheidend ist aber auch die schnelle und präzise Verfügbarkeit der eigenen Bestände. Es genügt nicht, Literatur zu besitzen, sie muß auch für den Wissenschaftsprozeß greifbar sein. Die Wissenschaft bedient sich immer zeitgemäßer Informationsmittel. Das erwartet sie selbstverständlich auch bei Bibliotheken, den primären Quelleneinrichtungen für wissenschaftliches Arbeiten.

Es ist in diesem Zusammenhang bemerkenswert, in welchem Umfang und mit welcher Intensität die großen Bibliotheken der Welt in den letzten Jahren die Zugänglichkeit ihrer Sammlungen durch moderne Methoden verbessert haben, nicht im Sinn einer undifferenzierten Massennutzung, sondern einer gezielten Verfügbarkeit für die Wissenschaft, häufig übrigens als kooperative Projekte, als internationale Unternehmungen oder innerhalb neuer Allianzen mit Verlagen oder wissenschaftlichen Gesellschaften.

Es ist hier nur das Projekt GABRIEL zu nennen, das die europäischen Nationalbibliotheken zu einem Internet-Verbund zusammenschließt oder das Telematic-Programm der Europäischen Union oder Bibliotheca Universalis der G 7-Staaten oder Jstore der großen amerikanischen Bibliotheken oder die ehrgeizigen Einzelprojekte der Library of Congress, der Bibliothèque Nationale de France oder der Vatikanischen Bibliothek, bei denen historische Bestände in großem Umfang digitalisiert wurden – um nur einige zu nennen.

Die Informations- und Kommunikationstechnik kann zusammenführen, was räumlich getrennt ist, kann mehrdimensional verknüpfen, was linear existiert, kann dialogfähig machen, was isoliert besteht.

Das hat weder mit dem Ende des Gutenbergzeitalters zu tun, noch mit der Klage, daß man in Bibliotheken häufig mehr und mehr Technikern begegne, für die das Formale der Technik an die Stelle des geistigen Inhalts der Bibliotheken in den Vordergrund ihres Interesses trete. Im Gegenteil: Eine starke Informationsinfrastruktur bringt die großen Sammlungen – auch die geisteswissenschaftlichen – wieder in das Zentrum zurück. Sie weist sie über Ländergrenzen hinweg nach, sie ermöglicht ergiebige Bibliotheksreisen aufgrund vorab getätigter Computerrecherchen, sie schafft Voraussetzungen zum intellektuellen und kulturellen Dialog der Textkultur und sie regt an zu neuen Editionen auf neuen Trägern und in neuen Zusammenhängen.

Ich singe hier nicht das zukunftsfrohe naive Lied einer umfassenden Digitalisierung. Mir sind die Gefahren der Flüchtigkeit, der Manipulierbarkeit und der technischen Wandlung des Mediums wohl bewußt.

Ich plädiere für einen verantwortungsbewußten reflektierten Einsatz, der das Buch nicht zum Wegwerfartikel macht, sondern mittels vielfältiger elektronischer Zugriffe zur attraktiven, weil verfügbaren Quelle und der Digitalisierungsprojekte von Volltexten als weitere Option zum Gedruckten versteht und nicht als ihre Ablösung. Ulrich Raulff (FAZ) benutzte in diesem Zusammenhang einmal das Bild von der „virtuellen Gelehrtenrepublik“.

Forschungsbibliotheken mit ihrer tiefen historischen Dimension und ihrem spezifischen kulturellen Kontext stellen in mehrfacher Hinsicht für die Wissenschaft einen unschätzbaren Wert dar. Sie enthalten herausragende Einzelstücke, sie bilden ein großartiges Wissensreservoir und sie sind aufgrund der langfristig angewandten Sammelrichtlinien selbst ein eigenständiger Artefakt. Und so wird wissenschaftliches Arbeiten mit ihnen auch ganz unterschiedliche Ansätze haben. Es gibt die gezielte Suche nach bibliographisch bekannten Publikationen, es gibt die Suche aufgrund konkreter Sachverhalte und es gibt das haptische Erleben zusammenhängender Bestände, bei dem Zufall, Anregung und Assoziation die kreativen Elemente sind.

Beides muß möglich sein: gezieltes Suchen und stimulierendes Stöbern. In den Wahlmöglichkeiten liegen die Chancen der Wissenschaft, nicht im Beharren auf traditionellen Vermittlungsmethoden. Das haben inzwischen eine Reihe der großen National- und Staatsbibliotheken zu ihrem Programm gemacht und erkannt, daß heute der Wert ihrer Institution weniger in der nationalen Repräsentanz als in der funktionalen und auch in der grenzüberschreitenden Aufgabenstellung liegt.

Es genügt deshalb nicht, eine Instandsetzung nur als eine Rekonstruktion der Staatsbibliothek zu verstehen. Damit käme man hundert Jahre zu spät! Zugrunde gelegt werden muß ein Konzept, das heutigen und künftigen Anforderungen entspricht. Bei einem Zeithorizont bis zum Jahr 2014 muß außerdem darauf geachtet werden, daß die Baumaßnahmen in einem engen funktionalen Bezug zu den bibliothekarischen Aufgaben stehen. Ein Torso über so lange Zeiten wäre tödlich.

Hohe Priorität muß deshalb für die Staatsbibliothek zu Berlin ein gemeinsamer elektronischer Katalog aller Bestände haben. Seit 1985 katalogisiert sie ihre Bestände in einem Online-Katalogsystem, und sie hat seit einigen Jahren ein eigenes Programm zur Überführung der alten Zettelkataloge in maschinenlesbare Kataloge. Hier lohnen alle Anstrengungen, schnell zum Ziel zu kommen. Die jetzt noch schwierige Katalogsituation muß überwunden werden, um den Zugang zu den großartigen Beständen zu vereinfachen und effektiver zu machen, aber auch die Arbeit für die Bibliothek selbst zu erleichtern. Der Online-Katalog ist das Herzstück einer Arbeits- und Forschungsbibliothek. Nicht alle Erschließungsarbeiten müssen selbst geleistet werden. Es gibt große Datensammlungen der Nationalbibliotheken, die die eigenen Katalogisierungsarbeiten reduzieren. Diese sollten konsequent genutzt werden, auch für die historischen Buchbestände. Einen besonderen Wert stellen Erschließungsverfahren bei den Sondersammlungen dar. Hier werden sicher zusätzliche Merkmale der Titelbeschreibung der Forschung Vorteile bringen. Erschließung und Ordnung bleiben Domänen der Bibliothek.

Die Staatsbibliothek zu Berlin ist ein realer Ort in zwei Häusern. Diese örtliche Benutzung wird in Zukunft auch ein bestimmender Faktor bleiben. Deshalb muß alles daran gesetzt werden, geeignete bauliche Voraussetzungen zu schaffen, um dem Leser, dem Benutzer adäquate Arbeitsbedingungen zu bieten. Damit meine ich nicht nur den alten Glanz, ich meine auch eine moderne Informationsinfrastruktur – eine zeitgemäße Bibliothek, die für die Förderung interessant bleibt und die auch eine hochrangige Begegnungs- und Forschungsstätte darstellt. Die Staatsbibliothek gewinnt darüber hinaus durch Computer und Vernetzung eine weitere Dimension hinzu. Die Kenntnis über die Bestände kann nicht auf die Arbeitsplätze innerhalb der Bibliotheksmauern beschränkt bleiben. Es bietet sich an, ein solches Literaturreservoir über das Internet zugänglich zu machen, einen Informationsserver mit dem Online-Katalog anzubieten. Die Staatsbibliothek muß neben der Bestandsorientierung eine aktive Informationskomponente gewinnen, Wissenschaft zu öffentlichem Wissen machen und Teil einer virtuellen Forschungsbibliothek werden. Die Einbindung in den Kreis der Staats- und Nationalbibliotheken über eine globale Vernetzung bedeutet keine Einbahnstraße. Die Staatsbibliothek bekommt ihrerseits für ihre Benutzer die Informationsdienste anderer großer Bibliotheken der Welt angeboten und ergänzt so das eigene Informationspotential nachdrücklich.

Ich gehe noch einen Schritt weiter. Die Staatsbibliothek sollte nicht nur moderne Erschließungsverfahren einsetzen, sie sollte auch verstärkt über geeignete Digitalisierungsprojekte historischer Sammlungen nachdenken. Schon jetzt ist sie mit der Digitalisierung der Musikdrucke des 19. Jahrhunderts am Aufbau einer verteilten digitalen Forschungsbibliothek beteiligt. Weitere Projekte sollten folgen – möglichst in Kooperation mit anderen Großbibliotheken, Verlagen und wissenschaftlichen Einrichtungen. Entscheidend ist die jeweilige Forschungsrelevanz. Die Leitfrage muß lauten:

Von welchen Materialien ist mit welcher Digitalisierungstechnik der bestmögliche Nutzen für die Forschung zu erzielen? Besondere Vorteile dieser Präsentationsform sind die räumlich und zeitlich unbegrenzte Bereitstellung von Forschungsmaterialien und die Verbesserung der Arbeitsgrundlage für die Forschung. Die Bestandsauswahl für die Digitalisierung sollte für die nationale und internationale Forschung von Interesse sein. Dazu hat die Staatsbibliothek zu Berlin aufgrund ihrer mehr als 300jährigen Geschichte eine ausgezeichnete Quellensituation.

Um heute Ziele einer Forschungsbibliothek zu realisieren, bedarf es nicht nur einer soliden und pragmatischen Beständigkeit, es bedarf auch einer gewissen Risikobereitschaft. Risiko soll hier nicht als Gefährdung oder als Zufälligkeit verstanden werden, sondern als Bereitschaft zur Veränderung, Traditionen mit neuen Mitteln verfügbar machen. Das ist gerade in einer Zeit, in der die Globalisierung die meisten Lebensbereiche, besonders aber die Kommunikation beeinflußt, von entscheidender Bedeutung. Globalisierung ist kein umfassendes System. Es gestaltet sich aus der globalen Beeinflussung lokaler Verhältnisse und umgekehrt durch lokale Aktivitäten, die in die globalen Systeme wirken. Deshalb ist es wichtig, daß die Staatsbibliothek zu Berlin einerseits ein fester Bestandteil der geistigen Mitte Berlins ist, andererseits die Kooperation mit Der Deutschen Bibliothek, den Staatsbibliotheken und Sondersammelgebietsbibliotheken so ausgestaltet, daß sie als aktiver Partner ihre Ressourcen in das Vernetzungskonzept zügig einbringt. Gelingt das nicht, stünde zwangsläufig die dezentral organisierte Literaturversorgung in Deutschland zur Disposition, zumindest würde ein gewichtiger Teil fehlen. Sie wäre der Globalisierung ohne konzertierte Politik ausgesetzt. Der dadurch für die Wissenschaft entstehende Schaden ist offensichtlich. Ein gewichtiger, international bedeutsamer Beitrag würde fehlen!

Es geht darum, den Reichtum der großen Bibliothekssammlungen in einer Koexistenz zu bündeln.

Die technologischen Veränderungen bestimmen inzwischen die Leistungsfähigkeit von Bibliotheken in hohem Maß. Dazu sind in Berlin sowohl im Hinblick auf die Bauentscheidungen als auch auf den Ausbau der Informationsinfrastruktur zügige Entscheidungen erforderlich. Die Weichen müssen jetzt gestellt werden, will die Staatsbibliothek zu Berlin das leisten, was von ihr erwartet wird: ihre Aufgaben wirtschaftlich zu erfüllen, ihre Position im deutschen Bibliothekswesen als eine der wichtigen überregionalen Universalbibliotheken auszubauen und im internationalen Vergleich zu bestehen. Wird die Funktionalität nicht rechtzeitig sichergestellt, bestimmen Provisorien allzu lange das bibliothekarische Geschehen.

Die Staatsbibliothek verfügt über exzellente Bestände und ist eine der großen Geberbibliotheken im Leihverkehr. Sie hat Erfahrung in kooperativen Projekten, wie z. B. bei der Zeitschriftendatenbank, bei der Zentralkartei der Autographen oder den Normdateien, sie ist international tätig mit den Agenturen für ISBN und ISMN – alles gute Voraussetzungen für einen neuen Abschnitt in der Informations- und Literaturversorgung.

Bibliotheken sind alte Institutionen, und der bibliothekarische Beruf ist ein alter Beruf, der sich nach Jahrtausenden zählt. Aber es sind auch wandlungsfähige Institutionen, und es ist ein wandlungsfähiger Beruf. Nur was sich ändert, bleibt. Und so erklärt sich die Bibliothek auch immer aus ihrer Aufgabe und nicht aus dem Beharrungsvermögen oder dem institutionellen Status.

Die Staatsbibliothek zu Berlin kann und will die Herausforderungen annehmen. Ihr sollten alle notwendigen Voraussetzungen gegeben werden, um für unsere Gesellschaft das kulturelle Kapital zu bilden und der Wissenschaft einen gesicherten Zugang zu bieten. Der ausschließlich fiskalische Blick ist von fragwürdigem Wert für die Zukunft. Bibliotheken müssen ein öffentliches Gut bleiben, das mit Leistungsfähigkeit überzeugen kann.

MARTIN FONTIUS

Die Staatsbibliothek und ihre Bedeutung für die Wissenschafts-organisation in Berlin

Berlin beherbergt am Grunewald das illustre Wissenschaftskolleg, an der Wilhelmstraße ein neues Max Planck Institut für Wissenschaftsgeschichte, an den drei großen Universitäten ohne Zweifel eine stattliche Schar ausgewiesener Wissenschaftshistoriker. Und weshalb, so darf man fragen, muß dann ein Philologe aus einem der ehemaligen Ostberliner Akademieinstitute, der heute im Brandenburgischen tätig ist, über das delikate Thema sprechen? Die Antwort kann vermutlich nur sein, daß auf der Rednerliste jemand sein sollte, der einmal für die Bearbeitung einer Standort-Bibliographie Zugang zu den Magazinräumen aller einschlägigen Bibliotheken in der DDR bekam, darunter im Hause Unter den Linden, nachdem er zuvor in einer wissenschaftlichen Bibliothek die unterschiedlichsten einschlägigen Tätigkeiten – vom Bücherrücken im Magazin über den Signierdienst bis zur Betreuung von Fächern in Realkatalog – ausgeübt hatte.

Mit Absicht habe ich diese persönliche Reminiszenz als Ausgangspunkt gewählt. Denn im Ergebnis hatte sich ein besonderes Verhältnis zu Büchern und Bibliotheken herausgebildet. Und so nutzte ich 1984 die Gelegenheit eines Vortrags im früheren Zentralinstitut für Literaturgeschichte der Akademie, der sich mit der 1989 bevorstehenden zweiten Zentenarfeier der Französischen Revolution auseinandersetzte, um massive Kritik am Niedergang der wissenschaftlichen Hauptbibliotheken Ostberlins vorzutragen.

Zu Zeiten der DDR konnte der Beitrag wegen dieser Schlußseiten über die Deutsche Staatsbibliothek und die Universitätsbibliothek nicht erscheinen. Als er in diesem Frühjahr in einer Festschrift in Basel ans Licht kam, hatten die Schweizer Herausgeber die vier Seiten über die Bibliotheken weggelassen, weil diese Probleme aus ihrer Sicht ja inzwischen überholt seien.[1] Diese Entscheidung bedauerte dagegen der Präsident der Deutschen Forschungsgemeinschaft mit dem Argument, „die Atmosphäre des Jahres 1984... und nicht die des Jahres 1996“ gelte es zu dokumentieren.[2] Seine Anregung aufgreifend, bei Gele-

1 Vgl. Grenzen der kritischen Vernunft. Helmut Holzhey zum 60. Geburtstag. Hrsg. Von Peter A. Schmid und Simone Zurbuchen, Basel 1997, S. 17-31. Gedanken vor einem Jubiläum.

2 Wolfgang Frühwald in einem privaten Brief vom 5. Mai 1997.

genheit die fehlenden Seiten nachzuliefern, möchte ich hier durch einige Zitate an die damalige Bedeutung der Deutschen Staatsbibliothek für die wichtigste Forschungsinstitution der DDR, die frühere Deutsche Akademie der Wissenschaften erinnern.

Über das wachsende Spannungsverhältnis zwischen den hochfliegenden Planungen für ein mehrbändiges Wörterbuchunternehmen „Ästhetische Grundbegriffe" und den sich rapide verschlechternden Arbeitsbedingungen der Wissenschaftler konnte man 1984 in der DDR, wenn auch nicht drucken, so doch mündlich äußern:

„Wenn die Akademie als einer der Hauptnutzer der beiden großen wissenschaftlichen Bibliotheken Berlins nicht endlich bei den richtigen Stellen die notwendigen Schritte unternimmt, um eine Änderung dieses miserablen Zustandes zu veranlassen, können wir das Projekt abschreiben und statt dessen den letzten Vers der Inschrift über der Höllenpforte aus Dantes „Göttlicher Komödie" über die Eingänge beider Bibliotheken anbringen: „Lasciate ogni speranza, voi ch'entrate", zu deutsch: „Laßt, die ihr eingeht, alle Hoffnung fahren."

Daß die Leistungsfähigkeit beider Bibliotheken „nicht nur *relativ*, sondern *absolut* für die wissenschaftliche Benutzung" seit Anfang der sechziger Jahre sich verschlechtert hatte, ließ sich mit konkreten Hinweisen auf substanzielle Defizite bei der Erwerbung in der Deutschen Staatsbibliothek und auf den Ausverkauf bzw. die Vernichtung ganzer Abteilungen in der Universitätsbibliothek belegen. Mit dem Gefühl des ohnmächtigen Beobachters ähnlicher fataler Vorgänge in den Bibliotheken Weimars und Dresdens blieb dem Wissenschaftler, dem der Zugang zur Öffentlichkeit verschlossen war, nur die Möglichkeit, in Gedanken an die Nachwelt zu konstatieren:

„Das Problem der Berliner Bibliotheken, die unsere wichtigsten Arbeitsmittel, die Bücher, zu bewahren hätten, scheint also ein landesweites zu sein, was die Dinge sicher nicht einfacher macht. Daß man auch von uns einst wird sagen können, wir wären dabeigewesen, wird uns nichts nützen, wenn wir schweigen, wo wir schreien sollten. Vielleicht ist das Mittel, eine „Notgemeinschaft der DDR-Wissenschaft" zu konstituieren, wie es nach dem Ersten Weltkrieg eine „Notgemeinschaft deutscher Wissenschaft" gab, im 35. Jahr der Existenz der DDR kein sonderlich erfolgversprechender Weg. Bessere Einfälle, wie die verantwortliche, aber indolente Bürokratie in Bewegung zu setzen ist, werden wir brauchen. In den wissenschaftlichen Bibliotheken jedenfalls fällt die Entscheidung über die Qualität aller künftigen gesellschaftswissenschaftlichen Arbeiten."

Was dieser Rückblick in die Ostberliner Vergangenheit erkennbar macht, ist nicht nur der Zusammenhang zwischen Substanzverlusten in Bibliotheken und ähnlichen Tendenzen in der geisteswissenschaftlichen Forschung. Es ist vor allem die inzwischen fast vergessene Tatsache, welch enormen Gewinn die Wiedervereinigung der geteilten Bestände der Staatsbibliothek Anfang 1992 für die Forschung gebracht hat. Schon die Leitung der früheren Akademie der Wissenschaften der DDR hatte trotz aller Ideologie des kalten Krieges der Bedeutung des in *einer* Stadt an getrennten Standorten untergebrachten Bücherpotentials auf ihre Weise durchaus Rechnung getragen. Eine stetig wachsende Zahl von Akademiewissenschaftlern erhielt seit 1978 die Möglichkeit eingeräumt, in der Potsdamer Straße den Scharounbau mit seinem reichen Bestand an moderner Forschungsliteratur zu benutzen.

Verglichen mit den einschneidenden Strukturveränderungen, die dann seit 1990 die Berliner Wissenschaftslandschaft in Bewegung brachten, und die bei der Akademie wie bei der Staatsbibliothek in der Namensänderung ihren Niederschlag fanden, verglichen mit diesen wissenschaftspolitischen Zäsuren sind die Kooperationsbeziehungen der Staatsbibliothek zunächst erstaunlich stabil geblieben.

Für eine ganze Reihe von Akademievorhaben wie die „Jahresberichte für deutsche Geschichte", die Neubearbeitung des „Deutschen Wörterbuchs" oder die Turfanforschung stellt die Staatsbibliothek zu Sonderkonditionen Arbeitsplätze oder Bestände zur Verfügung. Eine privilegierte Zusammenarbeit besteht ebenso bei Goedeckes „Grundriß zur Geschichte der deutschen Dichtung aus den Quellen" oder bei Editionsprojekten der Akademie zu Alexander von Humboldt, Georg Forster oder Jean Paul. In allen diesen Fällen, die hier exemplarisch genannt werden, arbeitet die Staatsbibliothek nach dem Konzept einer großen Forschungsbibliothek.

Die neu konstituierte Berlin-Brandenburgische Akademie bzw. präziser: der neu gewählte Präsident Dieter Simon betrachtet freilich die Langzeitvorhaben als ein Erbe des trationalistischen 19. Jahrhunderts, als die Akademien keinen entscheidenden Anteil an der machtvollen Entwicklung der Wissenschaft mehr besaßen.[3] Ihr Strukturkonzept enthält mit den *Interdisziplinären Arbeitsgruppen*, in denen Akademiemitglieder kurzfristig zur Bearbeitung drängender Fragestellungen der Gegenwart sich zusammenschließen, gewissermaßen ein Kontrastprogramm, das der Akademie auf dem Feld der Wissenschaft eine vorwärtsdrängende Funktion zurückgewissen soll. Die Akademie knüpft damit, ähnlich wie schon die Deutsche Akademie der Wissenschaften vor 50 Jahren, an die „entscheidenden Intentionen ihrer Gründungszeit und ersten Blüte

[3] Vgl. das interne Memorandum „Langzeitvorhaben an der Berlin-Brandenburgischen Akademie", Dezember 1996.

[4] Werner Krauss, Entwicklungstendenzen der Akademien im Zeitalter der Aufklärung (1960). In: W. Krauss, Studien zur deutschen und französischen Aufklärung, Berlin 1963, S. 41. – Diesem

im 18. Jahrhundert"[4] an. Aber es bleibt abzuwarten, ob das ehrgeizige Gesamtkonzept sich in der Praxis als funktionstüchtig erweist. Die Staatsbibliothek muß sich unter diesen Umständen jedenfalls darauf einstellen, daß ihr als großer Forschungsbibliothek eines Tages Langzeitvorhaben, die Daueraufgaben wahrnehmen und ohnehin in ihren Räumen und weitgehend mit ihren Beständen erarbeitet werden, auch zur instiutionellen Obhut angeboten werden könnten, sobald für das schwierige Finanzierungsproblem eine Lösung sich abzeichnet. In die gleiche Richtung weist das von Bernhard Fabian erhobene, allerdings von anderen Voraussetzungen ausgehende Postulat, nach einer „Förderung bibliothekarischer Forschungstätigkeit mit dem Ziel einer möglichst weitgehenden Erschließung der von den Bibliotheken bewahrten kulturellen Tradition".[5]

Etwas bunter und differenzierter stellt sich die Funktion der Staatsbibliothek beim Blick auf die großen Berliner Universitäten mit ihrer Verpflichtung auf Forschung und Lehre dar.

Einen hervorragenden Platz nehmen dabei die großen Sondersammlungen ein, die als von der DFG gestützte Sondersammelgebiete noch eine zusätzliche Anziehungskraft entfalten. So arbeitet das Geographische Institut an der Humboldt-Universität bei dem Projekt „Geographische Namen Europas", das einer Standardisierung der schriftlichen Form geographischer Namen den Weg ebnen soll, eng mit der Kartenabteilung der Bibliothek zusammen. In ähnlicher Weise kooperiert das Institut für geographische Wissenschaften an der FU bei der Digitalisierung von Karten und bei der Erarbeitung eines Katalogs handgezeichneter Karten mit dieser größten Kartensammlung in Deutschland.

Die Existenz der 1951 gegründeten Abteilung für historische Kinder- und Jugendbücher im Haus Unter den Linden veranlaßte die Humboldt-Universität zur Gründung eines eigenen Lehrstuhls. Die Zusammenarbeit reicht hier von der Vorbereitung und Durchführung von Ausstellungen und thematischen Veranstaltungen bis zur Unterstützung des Jahrbuchs mit einschlägigen Beiträgen. Darüber hinaus unterstützen natürlich Mitarbeiter der Handschriften- wie der Musikabteilung die Universitäten mit Lehrveranstaltungen, auf besonders intensive Weise das Institut für Bibliothekswissenschaft der Humboldt-Universität.

Diese knappen Hinweise haben natürlich nicht das Gewicht von präzisen

Festvortrag vor der Brliner Akademie von 1960 ging 1953 ein ungedruckt gebliebener Vortrag vor der Leipziger Akademie „Die Kulturpolitik der französischen Akademien" voraus, über den nur ein Bericht in der „Deutschen Literaturzeitung" vom Februar 1954 informiert.

[5] Bernhard Fabian, Buch, Bibliothek und geisteswissenschaftliche Forschung, Göttingen 1983, S. 299.

Zahlenreihen, in denen die Leistungsentwicklung der Bibliothek an Hand der Buchausleihen an Berliner Wissenschaftsorganisationen bzw. an Hand der Entwicklung der Benutzerstatistiken für die verschiedenen Lesesäle dokumentiert würde. Dennoch fällt auf die viel diskutierte Standortfrage, ausgelöst durch die Sanierungskosten des Ihnebaus, auch in diesem Zusammenhang ein besonderes Licht: Die Nähe des Hauses Unter den Linden zu den kulturellen und wissenschaftlichen Institutionen im Stadtzentrum – auf engstem Raum findet man die Museumsinsel, das Deutsche Historische Museum, die Akademie der Wissenschaften, Theater- und Opernhäuser, Geisteswissenschaftlichen Zentren und Centrum Judaicum, insbesondere aber Humboldt-Universität und Universitätsbibliothek – diese Nähe ist ein Vorteil, der in einer intensiven wissenschaftlichen Zusammenarbeit sich niederschlägt. Wenn die Kooperationsbeziehungen zwischen der Freien Universität und dem Haus in der Potsdamer Straße sich weitmaschiger ausnehmen, spielt die größere räumliche Distanz zweifellos eine Rolle.

Naturgemäß wirkt eine Universalbibliothek über das Stadtgebiet weit hinaus, und ihr Ruhm strahlt am hellsten aus der Ferne zurück.

Blättert man in den Jahrbüchern des Wissenschaftskollegs, stößt man in den Arbeitsberichten der Fellows aus aller Welt in der Tat nicht nur uf das obligate Lob an die Bibliothekare des Kollegs, sondern auch auf präzise Urteile über die Reichtümer der Stadtbibliothek. So findet sich bei der Moskauer Theaterwissenschaftlerin Marina Litavrina der lapidare Satz: „The *Stadtbibliothek* was an important place of work for me as for evererybody".[6] Und es folgt das Lob auf den „Osteuropa-Lesesaal" mit seinen in Moskauer Bibliotheken fehlenden Findbüchern russischer Emigrantendrucke in aller Welt. Im gleichen Jahrbuch 1993/94 steht der Bericht des amerikanischen Historikers Anthony Grafton über die Entstehung seines Essays „Die tragischen Ursprünge der deutschen Fußnote", fü den der Nachlaßt Leopold von Rankes im „Haus II der Stabi" eine wichtige Funktion besaß.[7] Daß kommentierte Führungen durch die Staatsbibliothek im Fellow-Aufenthaltsprogramm zur festen Tradition geworden sind, kann unter solchen Umständen nicht überraschen.

Verglichen mit dem vielstimmigen Echo aus der Ferne muß das relative Schweigen in der Nähe allerdings nachdenklich stimmen, und es veranlaßt beklemmende Fragen. Sollte eine Bibliothek sui generis wie die Staatsbibliothek in den Benutzern ihrer Bestände aus der Hauptstadt eigentlich nicht ihre wärmsten und wirksamsten Fürsprecher erwarten dürfen? Rührt die überzeugende Konzeption für die Integration der Bestände mit der neuen Abteilung Histori-

[6] Marina Litavrina, Russian Emigrant Theatre in Europe. In: Wissenschaftskolleg – Institute for Advanced Study – zu Berlin. Jahrbuch 193/94, Berlin 1995, S. 96.

[7] Anthony Grafton, Twelve Months in OZ., ebenda, S. 66 f.

sche Drucke im Haus Unter den Linden und mit dem Zeitschnitt 1955/56 denn nicht früher oder später an die Gewohnheiten eines jeden ständigen Benutzers? Bestand also nicht Anlaß für Stellungnahmen aus den unterschiedlichsten Perspektiven? Von einer öffentlich geführten Diskussion, getragen von Berliner Wissenschaftlern, in der es um die Vereinigungsprobleme der Bestände der größten Bibliothek in Deutschland ginge, ist meines Wissens nichts Nennenswertes zu berichten, bevor der Bundesrechnungshof in Erscheinung trat. Zur Neuordnung der Berliner Museumslandschaft wurde und wird öffentlich diskutiert. Über die künftige Funktion des Schloßplatzes wird noch immer intensiv gestritten. Doch selbst die skandalösen Maßnahmen, mit der ein Mitglied des Haushaltsausschusses des Bundestages die Umsetzung der Konzeption für die ehemals Königliche Bibliothek im Haus Unter den Linden auf Jahre hinaus blockiert[8], sie werden in der Berliner Wissenschaftslandschaft mit einer Gelassenheit hingenommen, als handle es sich um die Stadtbibliothek in irgendeinem Provinznest.

Fragt man nach den tieferen Ursachen dieses verblüffenden Befundes, so bieten sich verschiedene Möglichkeiten zur Erklärung. Ein beispielloser und noch immer andauernder Umbruch in der Berliner Wissenschaft, gewiß. Dazu sehen sich die großen Berliner Wissenschaftsinstitutionen durch die in Brandenburg neu gegründeten Universitäten plötzlich in ein ganz neues Umfeld versetzt und müssen sich neu orientieren. Und schließlich bildet es keine gering zu schätzende Schwierigkeit, auf welche Tradition man denn mit politischer Korrektheit zurückgreifen könnte oder dürfte, wenn die Stimmen von Mommsen, Treitschke oder Harnack, die nach den politischen Veränderungen von 1871 auf die wissenschaftspolitischen Konsequenzen für die Königliche Bibliothek hinwiesen, angesichts der föderalen Strukturen Deutschlands nicht mehr zählen, und die Jahre der Teilung nach 1945 erst recht nicht in Betracht kommen können. Der mentalen Einstellung bei vielen Wissenschaftlern am nächsten dürfte indessen der Standpunkt des gesunden Menschenverstandes kommen, der sich etwa so zusammenfassen läßt: Die ehemals Preußische Staatsbibliothek mag keinen Staat im eigentlichen Sinne mehr haben, ihre Leistungen können seit Jahr und Tag in beiden Häusern in Anspruch genommen werden, an der Umsetzung der Bibliothekskonzeption wird seit Jahren gearbeitet, beide Stammhäuser können auch im Ernst niemals zur Disposition gestellt werden – wozu dann eigentlich die ganze Standortdebatte?

Die Offensive in der Öffentlichkeit, die die Staatsbibliothek gerade in der aktuellen Situation gleichwohl so dringend nötig hat, sie wird voraussichtlich

[8] Vgl. Antonius Jammers, Die Staatsbibliothek zu Berlin in schwierigen Zeiten: eine Konzeption, aber noch keine endgültige Standortfestlegung (im Druck).

nur erfolgreich sein und etwas Positives bewirken, wenn bei dem Dialog mit der Politik neue Elemente ins Spiel kommen: Der Vorschlag, auf dem Schloßplatz eine Art von multimedialen Informationszentrum als Teil der geistigen Mitte Berlins zu schaffen, könnte die Position der Staatsbibliothek stärken und dem Haus Unter den Linden wichtige Verbündete gewinnen. Die ehemalilge Leitidee, eine Institution nationalen Rages zu sein, sollte eine weitere Perspektive sein, um öffentliche Aufmerksamkeit zu mobilisieren. Es geht nicht an, die zusammengehörigen Bestände auf der Ebene der Sondersammlungen wir der Historischen Drucke noch jahrelang im Zustand der Trennung zu belassen, nur weil eine auf die Finanzen starrende Behörde das für augenblicklich opportun hält. Das ist vor allem für die Wissenschaft unzumutbar, es hat nicht nur verheerende politische Dimensionen. Denn mit welchen Argumenten sollen die noch immer im Ausland lagernden bedeutenden Bestände für die Staatsbibliothek zurückgewonnen werden, wenn die Folgen des Zweiten Weltkrieges nicht einmal unter dem Dach der Bibliothek selbst überwunden werden?

Solange in Bonn der Grundsatz regiert, der Politik komme vor der Wirtschaft der Primat zu, brauchen wir für die Zukunft der Bibliothek in diesem Hause nicht zu düster zu sehen. Aber die Berliner Wissenschaftler sollten auch endlich das tun, was ihre Pflicht und Schuldigkeit ist und die Wahrnehmung ihrer ureigensten Interessen durch die Staatsbibliothek Berlin endlich dadurch honorieren, daß sie für sie öffentlich in die Schranken treten und nicht schweigen, wo sie schreien sollten.

HANS STIMMANN

Die Staatsbibliothek Unter den Linden als Bestandteil der Hauptstadtplanung

Obwohl sich in keiner anderen Institution die Spaltung Deutschlands und Berlins tiefer manifestiert als in der Entwicklung der Staatsbibliothek, hat es seit dem Fall der Mauer und dem Beschluß des Deutschen Bundestages vom 20. Juni 1991, Berlin wieder zum Sitz der deutschen Regierung und des deutschen Parlaments zu machen, keine breit angelegte öffentliche Debatte über die Zukunft der Staatsbibliothek gegeben. Die Diskussion blieb im wesentlichen innerhalb der an der Bibliothek interessierten Fachöffentlichkeit, insbesondere des Rates der Stiftung Preußischer Kulturbesitz und seiner Bibliothekskommission. Die breitere Öffentlichkeit interessierte und interessiert sich für die Neuorganisation der Bibliothek und die städtebaulichen Konsequenzen nur wenig. Dennoch ist es nicht unbedeutend, was im Schatten der großen Investorenprojekte sowie der Planungs- und Bauprojekte von Parlament und Regierung entschieden wird. Es ist höchste Zeit, diesen Zustand zu beenden. Es ist zu hoffen, daß mit dem Kolloquium der Historischen Kommission und des Vereins der Freunde der Staatsbibliothek ein Zeichen für einen Diskurs gesetzt wird.

Die Diskussion über die Zukunft der Staatsbibliotheken mit den beiden Standorten Unter den Linden und im Kulturforum steht exemplarisch für die Auseinandersetzung darüber, wie mit dem komplizierten politischen, kulturellen und architektonischen Erbe umzugehen ist. In diesem Zusammenhang ist daran zu erinnern, daß die kürzlich erfolgten Eröffnungen der Neubauten für die Britische Nationalbibliothek in London (von Wilson and Partners), die Nationalbibliothek in Paris (von Dominique Perrault) sowie die vor 14 Tagen erfolgte Einweihung der Deutschen Bibliothek in Frankfurt/Main (von Arat, Kaiser und Kaiser aus Stuttgart) in eine Zeit fällt, in der ganz offensichtlich die große Verunsicherung über die rasante Entwicklung der neuen Medien mit unabsehbaren Konsequenzen für das Bibliothekswesen sich allmählich aufklärt und einem neuen Selbstbewußtsein der modernisierten Bibliotheken weicht. In Berlin ist von diesem neuen Selbstbewußtsein angesichts der komplizierten planerischen Probleme, aber vor allen Dingen vor dem Hintergrund der strukturellen Finanznot der öffentlichen Haushalte und wohl auch vor dem Hintergrund unserer föderalistischen Struktur leider wenig zu merken. Wir sind jedoch gut beraten, bei jeglicher Entscheidung über die Zukunft der Bibliotheksstandorte einen langen Atem zu haben. Mindestens dies lehrt uns die Geschichte, sei es die der Planung der Bibliothek von Ernst von Ihne oder auch die Planungszeiträume für die Staatsbibliothek von Hans Scharoun oder, um ein ausländisches Beispiel zu nennen, der British Library, deren Planungs- und Bauzeit 27 Jahre betrug. Ich empfehle also Selbstbewußtsein, gepaart mit einer realistischen Perspektive, bezogen auf Alternativen zu Berliner Ausgangspositionen.

Meine stadtentwicklungsplanerisch und stadtentwicklungspolitisch abgeleitete Position für die Frage der Weiterentwicklung der Bibliothek läßt sich wie folgt beschreiben:

1. Beide Standorte sind ein Dokument der Teilung Deutschlands und Berlins, die auch in dieser Form Ausgangspunkt für weitere Überlegungen sein sollten. Jede Weiterentwicklung der beiden Bibliotheksstandorte sollte im Dialog mit der baulichen und inhaltlichen Geschichte der Gebäude und ihrer Umgebung geplant werden.
2. Die beiden Standorte haben nicht nur eine ungewöhnlich attraktive Lage an der Straße Unter den Linden bzw. im Kulturforum, sondern sie sind auch in dieser Lage ein Ausdruck des Wiedervereinigungswillens des geteilten Berlin. Das Kulturforum und mit ihm die Staatsbibliothek von Hans Scharoun ging 1964 als erster Preis aus einem Wettbewerb hervor und war in dieser Zeit ein Zeichen des politischen Wiedervereinigungswillens. Deshalb wurde der Standort ausdrücklich in unmittelbarer Nähe des historischen Zentrums und der in diesem Zentrum vorhandenen kulturellen Einrichtungen gewählt. Sowohl die Staatsbibliothek als auch die Philharmonie und die anderen Museumsbauten wurden ausdrücklich nicht im Zentrum von Westberlin, sondern an der äußersten Peripherie Westberlins als Teil eines City-Bandes geplant. Wir verdanken dieser weitsichtigen Überlegung den erfreulichen Befund, daß die beiden Standorte nicht 10 km, sondern vielleicht 2 km voneinander entfernt liegen.
   Die Staatsbibliothek von Hans Scharoun bildet die östliche Kante des Kulturforums und ist zweifelsohne der bedeutendste Bibliotheksbau der Nachkriegszeit. Seine „Leselandschaft ist", so hat es Holger Kleine jüngst formuliert, „nicht mehr das geschlossene, konzentrische Bild universalen Wissens, wie dies die großen Säle des 19. Jahrhunderts sind. Seine langgestreckten Hallen mit ihren Galerien und Tableaus ersetzen das konzentrische Bild durch das Bild eines nie ganz überschaubaren, aber immer neu zu entdeckenden subtil gegliederten Ganzen." (1) Beide Gebäude, das von Ihne entworfene traditionelle Bibliotheksgebäude am historischen Standort ge-

nauso wie die von Hans Scharoun entworfene Bibliothek im Kulturforum sind also auch Ausdruck unterschiedlicher architektonischer Auffassungen von der Art der Wissensvermittlung. Beide Gebäude bringen damit nicht nur die architektonische Position, sondern auch die Geschichte des Bibliothekswesens markant zum Ausdruck.

3. Die Weiternutzung der beiden Gebäude leistet im inhaltlichen Sinne auch einen Beitrag zur inneren politischen Wiedervereinigung unserer Stadt, die nach wie vor dadurch gekennzeichnet ist, daß sich die einen als Gewinner und die anderen als Verlierer fühlen. Im Bereich der Bibliotheken bietet sich die einmalige Möglichkeit den aus der Teilung herrührenden jetzigen Zustand als Gewinn zu begreifen.
4. Wer als Architekt und Stadtplaner Gelegenheit hatte, an den zahlreichen Grundsteinlegungen, Richtfesten und Einweihungen der Banken, Hotels, Bürogebäude und der Parlaments- und Regierungsgebäude im Gebiet der Dorotheen- und Friedrichstadt teilzunehmen, den muß es schmerzen, daß eines der kostbarsten Monumente der Kulturnation Deutschland sich in einem unsäglichen Zustand befindet. Ich setze große Hoffnungen darauf, daß endlich auch das kulturelle Kapital unserer Stadt spätestens dann, wenn Parlament und Regierung tatsächlich in Berlin Platz genommen haben, als positiver Standortfaktor angesehen wird.
5. Für die Entwicklung beider Standorte sowohl am Kulturforum als auch Unter den Linden ist die Anwesenheit dieser Bibliotheken von essentieller Bedeutung. Dies gilt nicht nur für das Kulturforum, das ohne Bibliothek buchstäblich in den Schatten der Großbauten am Potsdamer zu geraten droht, sondern erst recht für die Straße Unter den Linden, die erst in der Mischung von Kulturbauten, Staatsbauten, Banken, Hotels und Bürobauten ihren Charakter als wichtigste Straße im historischen Zentrum Berlins zu behaupten vermag.
6. Es bleibt Thema der Modernisierung im Rahmen der Vorgaben, die die Denkmalpflege bei einem solchen Monument setzt. Zulässig wäre eine Aufstockung der Nordfront am Innenhof um ein Geschoß. Genau so wichtig ist für das Vestibül und die große Treppenhalle die Rückgewinnung der großzügigen Kuppelwirkungen. Gerade die monumentale Gestaltung der Eingangsbereiche zum künftigen Hauptlesesaal würde den außergewöhnlichen historischen Rang der Staatsbibliothek Unter den Linden zum Ausdruck bringen. Die Zerstörung hat immerhin dazu geführt, daß der Standort Unter den Linden über enorme unausgeschöpfte Potentiale verfügt.
   Im Bereich des Kulturforums gibt es dagegen nur bescheidene Potentiale für eine Erweiterung: Im Süden der Staatsbibliothek am Landwehrkanal sowie unterirdisch im Vorfeld der Staatsbibliothek.

7. In Verbindung mit dem vom Senat angedachten Bibliotheks- und Medienzentrum auf dem Grundstück des ehemaligen Schlosses bekäme schließlich die Berliner Bibliothekslandschaft die Ergänzung, die etwa in Paris mit dem Centre Pompidou als Ergänzung zur Grandbibliothek bereits vorhanden ist.

Die öffentliche Diskussion zur Mitte der Stadt wird in vielen Fällen sehr einseitig geführt: Ob denn nun das Stadtschloß rekonstruiert oder als moderne Architektur in den historischen Dimensionen wieder errichtet werden soll, ob die Straße Unter den Linden künftig die Qualität eines Boulevards zurückerhalten oder ob ihr Abstieg zu einer gewöhnlichen Stadtstraße nicht mehr zu vermeiden sein wird. Solche gefährlichen Verengungen und einseitigen Betrachtungen tragen kaum zur Problemerkenntnis der komplexen historischen und stadtplanerischen Zusammenhänge und folglich zu konstruktiven Lösungsansätzen bei. So sehr es um die Staatsbibliothek Unter den Linden geht, so sehr geht es auch an diesem Ort um die Staatsbibliothek als traditioneller Bestandteil der historischen Mitte von Berlin, die wir verstärkt als geistige Mitte der Stadt begreifen lernen müssen. Zusammen mit der Universität, mit dem Deutschen Historischen Museum, den Museen auf der Museumsinsel und nicht zuletzt mit den Theatern bildet sie ein solches historisch gewachsenes und sich gegenseitig ergänzendes Gefüge. Neben ihre Kraft als Teil einer geistigen Mitte tritt die Bedeutung der Bibliothek als historisches Ereignis, das für diesen Bezirk, in dem sie sich seit alters befindet, schlicht und einfach unverzichtbar ist. Die Staatsbibliothek hat einen festgefügten Ort im Stadtgefüge. Sie hier in Frage zu stellen, hieße diese geistige Mitte der Stadt anzutasten. Der weite Kreis ihrer Benutzer, der überdies keine elitäre Klientel ist, trägt zweifelsfrei zur Urbanität dieser Mitte bei.

(1) Holger Kleine: Der Staat und seine Bibliothek. In: Bauwelt 1997 Heft 20 Seite 1097

VOLKER KÄHNE

Stadtmitte und Staatsrepräsentanz

Es ist eine schwere, aber auch eine durchaus reizvolle Aufgabe nach dem Meister des Städtebaus ein so anspruchsvolles Thema wie „Stadtmitte und Staatsre präsentanz" behandeln zu dürfen. Ich möchte mich sehr herzlich für Ihre freundliche Einladung bedanken und hoffe, daß Herr Stimmann meine von Fachkennerschaft nur zum Teil getrübten Empfindungen zur Mitte Berlins nach vollziehen kann oder mir nachsehen wird.

Auch wenn man kein studierter Städtebauer ist, läßt sich doch eines festhalten. Es ist in erster Linie ein emotionales Verhältnis, das den Berliner mit seiner schönsten und berühmtesten Straße verbindet. Das hängt mit seiner langen und wechselvollen Geschichte ebenso zusammen, wie mit dem einzigartigen Ensemble von Gebäuden, die über Jahrhunderte vom Rang und Ruhm des Königreiches Preußen zeugten. Selbst wenn die Linden ihr Gesicht früher alle dreißig Jahre wechselten, so sollten wir sie heute als historisch gewachsene Einheit behandeln – und nur die Hinterlassenschaft der ehemaligen DDR an dieser Stelle auf ihren historischen Wert zu überprüfen, gegebenenfalls rück- oder umbauen. Man muß sich nur vor Augen halten, wieviel die Mitte gewonnen hat durch den Abriß des „Museums für Auswärtige Angelegenheiten", der quer zu allen Sichtachsen und bar jeglicher Proportion ein Fremdkörper bleiben mußte, weil er alle historischen Vorgaben penetrant ignorierte.

Als der Große Kurfürst im April 1647 anordnete, den Sandweg zwischen dem Schloß und dem Jagdrevier mit Bäumen zu bepflanzen, konnte man nicht ahnen, daß aus den sechs Reihen Nußbäumen und Linden einer der Prachtboulevards der Welt entstehen würde. Die Aussichten Berlins damals waren alles andere als prachtvoll. Der dreißigjährige Krieg war kaum an sein Ende gekommen, hatte auch Berlin nahezu entvölkert. Kaum 6.000 Menschen wohnten 1648 in der vom Krieg gezeichneten Stadt.

Es ist dem Großen Kurfürsten zu verdanken, daß Berlin seine zweite Chance nutzte. Als Mann mit Entschlußkraft und Weitblick führte er nicht nur ein stehendes Heer auf, um Plünderungen abzuwehren, sondern es gelang ihm auch, den Handel durch den Bau des Oder-Spree-Kanals, durch die Ansiedlung der Hugenotten und die Förderung neuer Gewerbezweige auszubauen. Städtebaulich legte er den Grundstein der heutigen Mitte.

Innerhalb von nur hundertfünfzig Jahren gelang Berlin der Aufstieg von einer provinziellen Residenz zu einer europäischen Großstadt mit enormen Charme. So schrieb James Boswell, einer der berühmtesten Tagebuchschreiber des achtzehnten Jahrhunderts, 1764 über die Stadt: „Die Schönheit Berlins ist überwältigend. Die Häuser sind elegant und die Straßen breit, lang und gerade. Das königliche Schloß ist großartig. Die Paläste der königlichen Familie sind von großer Noblesse. Das Opernhaus ist ein elegantes Gebilde."

Wenn ein Kunstwerk, eine kulturelle Landschaft wie der Boulevard Unter den Linden über Jahrhunderte gewachsen ist und auch im großen und ganzen den Krieg unbeschadet überstanden hat, so verpflichtet es uns doppelt, behutsam mit dem Corso umzugehen. Von Schlüter über Knobelsdorff, Schinkel, Persius und Stüler haben Generationen großer Baumeister an dem Werk mitgewirkt, das noch heute weit über die Grenzen der Haupstadt bewundert wird. Deshalb sollten wir alle Vorschläge zur Verschönerung des Boulevards mit Vorsicht behandeln. Die Linden brauchen vor allem Ruhe und Augenmaß, keine künstlichen Aufgeregtheiten oder architektonische Abenteuer.

Das soll nicht heißen, daß man an einigen der unfertigen Stellen, vor allem also der Bereich zwischen Friedrich- und Wilhelmstraße, nicht nachbessern müßte. Mir scheint der Gedanke abenteuerlich, daß mißlungene Zweckbauten billigster Ausführung der sechziger oder siebziger Jahre Ewigkeitsschutz beanspruchen sollten. Auch die Gebäude, die nach dem Krieg hier entstanden sind, müssen sich in ihrer Fassade dem Ensemble anpassen. Zwischen Brandenburger Tor und Schloßplatz ist für städtebauliche Experimente kein Platz. Dafür bieten Alexanderplatz und der Potsdamer Platz genügend Raum. Auf dem historischen Boulevard hingegen wollen wir ein Stück der alten Stadt erhalten oder wiederherstellen, wie es in Wien, Prag oder Paris selbstverständlich ist. Die Gestaltungssatzung ist hier ein wichtiger Schritt auf diesem Weg.

Ich verstehe Architekten, die sich in modernen Gebäuden selbstverwirklichen und ein Denkmal setzen wollen. Ich verstehe auch Denkmalschützer, die jedes Gebäude, und sei es auch noch so marode, unpraktisch und häßlich, als kompetenten Ausdruck seiner Zeit erhalten wollen. Ich will in beiden Fragen hier keine grundsätzliche Diskussion führen, aber darauf hinweisen, daß beides in einer Stadt wie Berlin möglich sein muß, nur nicht an jedem und schon gar nicht am selben Ort. Dieses geordnete Nebeneinander ist die Aufgabe einer verantwortungsbewußten Stadtplanung. Wir haben in Berlin Platz für die modernste Architektur der Welt, wir haben in Berlin auch Platz für architektonische Zeitzeugen aller Art, aber wir haben auch zwischen Schloßplatz und Brandenburger Tor Platz für das historische Berlin, für Gebäude, die Berlin in seiner großen Zeit geprägt, die den Berlinern und allen Deutschen Heimat und Geborgenheit, aber auch Selbstvertrauen und Identität gegeben haben.

Das Abgeordnetenhaus hat kürzlich den Senat beauftragt, einen Erfahrungsbericht über die Gestaltungssatzung für die Straße Unter den Linden zu geben. Die Gestaltungssatzung sollte die historischen Maßstäbe wiederauf greifen und konkrete, aber gleichzeitig auch verbindliche Kriterien für die Gestaltungssatzung von Neubauten und für die Wiederherstellung von Fassaden und ebenso für die Gestaltung des Straßenraumes auf längere Zeit – auch über den Zeitraum von Flächennutzungsplänen hinweg – festlegen.

Der Erfahrungsbericht sollte auf die Angemessenheit folgender Gestaltungskriterien eingehen sowie die Belange des Denkmalschutzes berücksichtigen:

1. Straßenraum

- Breite und Gestaltung der Gehwege und Richtungsfahrbahnen, einschließlich Festlegung der Baumaterialien;
- Gestaltung des Mittelteils der Straße mit Promenadendecke und Bäumen;
- Gestaltung der Straßenkreuzungen;
- Gestaltung der Fußgängerüberwege zwischen den Kreuzungen;
- Straßenbeleuchtung.

2. Gebäude (Neubauten, Fassadensanierungen, etc.)

- Gestaltung der Fassaden in Anlehnung an den ehemaligen Passagenbau (Kaisergalerie) Unter den Linden/Friedrichstraße/Behrenstraße;
- Festlegung der Trauf- und Geschoßhöhen;
- Gestaltung der Dächer (Dachformen und Materialaus wahl);
- Gestaltung der Fenster mit Aussagen über die Öffnungsgrößen und die Form der Fenster (Profilaufteilung);
- Gestaltung der Erdgeschosse mit Aussagen über die Werbung an den Fassaden;
- Materialauswahl für die Fassaden.

Es ist einsichtig, daß man klare Regeln braucht, um an einem historischen Ort wie Unter den Linden nicht neue Sünden zu begehen. Dabei kann ich die Verfechter der Urbanität nur bedingt verstehen, die aus grundsätzlichen Erwägungen jeden Rückgriff in die Baugeschichte für ein Sakrileg halten. Wer das Hotel Adlon als „Puppenstubenästhetik“ angreift, der hat auch nach vielen Jahren in Berlin noch nicht begriffen, daß es den Menschen in der Stadt mit der Rückgewinnung eines historischen Stadtraums sehr ernst ist, eben weil sie Bombenstürme des Krieges und die Ideengewitter der Nachkriegszeit noch in Erinnerung haben und mit den lebensfremden städtebaulichen Theorien der Moderne nicht viel anfangen können.

Das ist gerade an diesem Ort sehr wichtig. Denn es ist das erklärte Ziel von Bundesregierung und dem Senat von Berlin, aus der Innenstadt kein reines Regierungsviertel werden zu lassen, sondern einen Ort zu schaffen, an dem man sich wohlfühlt, mit dem man sich an der Befindlichkeit und am Lebensgefühl der Menschen orientiert. Die Mitte erschöpft sich nicht in Politik, es muß gerade hier der Gedanke der Berliner Mischung mit Leben erfüllt werden. Das politische Zentrum rund um Reichstag und dem neuen Kanzleramt und das historische Zentrum zwischen Brandenburger Tor und Stadtschloß wird durch das entstehende Handelsviertel in der Friedrichstadt und der kulturell vibrierenden Szene nördlich der Linden ergänzt werden.

Selbstverständlich sind und bleiben Wissenschaft und Kultur das Herzstück der Linden. Die Staatsbibliothek und die Humboldt-Universität, die Staatsoper und die Theater haben für Deutschland als Kulturnation eine Bedeutung, die weit auch über die finanziellen Grenzen unserer Stadt hinausgehen. Die Kulturlandschaft Unter den Linden ist mit dem Boulevard über Jahrhunderte gewachsen. Auch Finanzierungslücken dürfen nicht dazu führen, daß irreparable Schäden entstehen, die sich später nicht mehr beheben lassen.

Es gibt allerdings einen Betrachter in Berlin, der nicht nur den Untergang der Kultur, sondern auch der Natur der Linden für beschlossene Sache hält. Wolf Jobst Siedler hat zum meteorologischen Frühjahrsbeginn einmal mehr die Aussichten der alten Mitte mit äußerster Skepsis beurteilt: „Bevor noch die ersten Gerüste standen, wußte man schon, was alles mißlingen würde. Natürlich wird der einstige Prachtboulevard, als den die Stadtführer des Kaiserreiches ihn feierten, schon irgendwie wiederentstehen. Hie und da werden Neubauten die Lücken schlie ßen, deren ästhetische Banalität sich mit dem Namen des Boulevards ein wenig Glanz zu entleihen sucht. Sonst werden die Plattenbauten des Sozialismus den Luxusfassaden des Kapitalismus weichen, und inzwischen wird schon sichtbar, wie in den Ministerien des untergegangenen Staates die Behörden der neuen Republik einziehen. Ihre Nutzer, hohe Beamte und kleine Angestellte, werden das Personal stellen, das in den Büropausen und nach Dienstschluß die Straße bevölkern wird, bevor sie allabendlich ihren Wohnquartieren am Stadtrand zustreben."

Siedler schließt sein Verdikt mit dem Satz: „Aber nichts spricht dafür, daß der Boulevard als Boulevard wieder entsteht." Ich bin mir sicher, daß in zehn Jahren Unter den Linden wieder das sein wird, was Siedler als Quintessenz des Boulevards begreift: Ein Schauplatz städtischen Lebens, ein Treffpunkt und ein unverwechsel bares Symbol für das weltoffene Berlin mit der Staatsbibliothek in einem seiner vornehmsten Gebäude.

PODIUMSDISKUSSION

Als Abschluß des Kolloquiums über die Staatsbibliothek Unter den Linden fand mit dem Präsidenten der Stiftung Preußischer Kulturbesitz Professor Werner Knopp als Moderator ein Podiumsgespräch unter dem Titel „Die Staatsbibliothek als geistige Mitte Berlins" statt. Teilnehmer waren Professor Dr. Klaus Garber (Universität Osnabrück), Holger Kleine, Architekt und Mitglied des Lehrkörpers der FU Berlin, Thomas Krüger (MdB), Dr. Hanna-Renate Laurien (Präsidentin des Berliner Abgeordnetenhauses a.D.), Professor Dr. Dr. Hans Meyer (Präsident der Humboldt-Universität zu Berlin), Dr. Ulrich Raulff (Frankfurter Allgemeine Zeitung), Professor Dr. Dieter Simon (Präsident der Berlin-Brandenburgischen Akademie der Wissenschaften).

Ausgangspunkt der Diskussionsrunde war zweifellos der Begriff „geistige Mitte Berlin". Professor Knopp definierte ihn in seinem Eingangsstatement als ein „gedankliches Zusammentreffen intellektueller und geistiger Potenzen, die sich in einer Institution manifestieren". Stadträumliche und geistige Mitte seien im Zentrum Berlins für das alte Preußen vereint gewesen. Die Staatsbibliothek als ein wesentlicher Bestandteil dieser geistigen Mitte im Herzen der Hauptstadt müsse sich nun aber auch auf den Prüfstand begeben, ob sich ihre Existenz für die Zukunft auch ökonomisch rechtfertigen läßt. Herr Professor Garber eröffnete die Diskussion mit einem vorbereiteten Beitrag, der die Problemstellung wie folgt zusammenfaßte.

KLAUS GARBER

Die Weltkultur des Buches in zwei gleich imponierenden Häusern im Herzen Berlins

In diesem einleitenden Statement zum Round-Table sollen alle pragmatischen Aspekte ausgeklammert werden und allein die geistigen, geschichtlichen, kulturpolitischen Dimensionen angedeutet werden, in welche ich die Frage der *Deutschen Staatsbibliothek* eingerückt sehen möchte:

Der einst *Königlichen*, dann *Preußischen*, dann *Deutschen Staatsbibliothek* nebst diversen nomenklatorischen Ablegern ist es in einer denkwürdigen Weise beschieden gewesen, zu einem nationalen Monument mit erheblichen, vielleicht gar mit teilweise singulären symbolischen Qualitäten aufzurücken. In ihr flektiert sich die Tragödie der deutschen Geschichte wie in kaum einem anderen Kristallisationspunkt der geistigen Überlieferung Deutschlands. Im Umgang mit ihr wird daher – und darüber möge sich niemand täuschen oder Illusionen hingeben – immer auch über den Umgang mit deutscher Geschichte und ihren herausragenden Manifestationen befunden und entschieden. In ganz anderer Weise als in der *British Library*, der *Bibliothèque Nationale*, der *Library of Congress*, ja noch in der *Nationalbibliothek St. Petersburg* als vergleichbaren Institutionen verdichtet sich in ihr die deutsche, in einer Katastrophe ohne Parallele mündende Geschichte. Dieses Wahrzeichen und Mahnmal, diese Memorialstätte und geistige Bastion, diesen Hort und Speicher deutscher und internationaler Kultur also anzutasten, umzufunktionieren, abzuräumen ist daher immer auch ein Angriff auf einen Ort deutscher Selbstvergewisserung, Selbstfindung, kultureller, politischer, geschichtlicher Orientierung.

Deutschland wie Europa steht mehr als fünfzig Jahre nach dem Krieg die Auseinandersetzung mit den Implikationen wie den Folgen der Auslöschung der geschichtlich-kulturellen Physiognomie und insonderheit der Städtelandschaft Mitteleuropas zwischen Köln und Warschau, Mainz und Minsk, Königsberg und Kiew immer noch bevor. Der nie thematisierte, durch keine vorangegangene und wahrhaft inkommensurable Barbarei zu rechtfertigende und zu entschuldigende Angriff auf das kulturelle Welterbe in Gestalt der deutschen Städte einschließlich ihrer Bibliotheken durch die anglo-amerikanischen Bomberverbände hat die seinerzeit erhofften Langzeitwirkungen in einem dramatischen und gleichwohl so gut wie nicht wahrgenommenen Ausmaß gezeitigt. In jeder Beseitigung einer rekonstruktionsfähigen Ruine, jeder Umwidmung eines mehr oder minder intakten baulichen Ensembles, jeder autogerechten Begradigung eines verwinkelten historischen Straßenzuges ist auch jene historische Entwurzelung mit am Werke, die uns gezielt als Antwort auf die Hitlersche Barbarei von den selbst stigmatisierten Kriegsgegnern zugefügt werden sollte und die eine bleibende Verletzung bewirkte, welche ihrerseits um so schmerzhafter ist, je weniger sie von den Betroffenen selbst verspürt wird. Der Umgang mit symbolkräftigen, die ganze Nation affizierenden Monumenten nicht anders als dem schlichtesten kulturellen Zeugnis der Vorkriegszeit muß in den Horizont dieser Überlegungen eingerückt und aus ihm heraus beurteilt werden.

Die *Deutsche Staatsbibliothek* – erlauben Sie dieses Kürzel ohne weitere zeitliche Differenzierung – hat an dem Wettkampf der großen Nationen um die geistige Vormachtstellung seit der Reichsgründung an vorderster Stelle teilgenommen, zum Segen ihrer in wenigen Jahrzehnten errungenen Weltgeltung, zum Schaden ihrer Integrität, sofern selbstverständlich auch einzelne ihrer Mitglieder sich hineinreißen ließen zu nationalistischen Neben- und Obertönen, die so ganz anders als im humanistischen Wettkampf der Nationen seit der Renaissance das Klima zwischen den großen Mächten zu Ende des 19. Jahrhunderts verpesteten. Wie unsere Städte hat sie den ersten Weltkrieg, in dem das Unheil des Kontinents seinen Ausgang nahm, glimpflich überstanden. In der Weimarer Republik hat sie an dem unerhörten Aufschwung deutscher Kultur wie schon im Kaiserreich ihren so gut wie gar nicht beachteten und doch überhaupt gar nicht zu überschätzenden Anteil gehabt. Ich erinnere aus meinem Fachgebiet des deutschen Barock an die Arbeiten von Alewyn, Benjamin, Ellinger, Hirsch, Kayser, Pyritz, Trunz, usw., um das sinnfällig zu machen. Sie sähen alle anders aus ohne die *Deutsche Staatsbibliothek* im Hintergrund und hätten nach ihrer Zerschlagung nie wieder so geschrieben werden können. Der Verlust der Weltgeltung der Deutschen Wissenschaft ist neben der Tötung, Vertreibung und Exilierung der nicht systemkonformen und insonderheit der jüdischen Intelligenz auch dem Untergang der deutschen Bibliotheken, und an erster Stelle der *Deutschen Staatsbibliothek* geschuldet. Wann erhalten wir über den letztgenannten Aspekt endlich das große, so sehr erwünschte Buch?

Die Ausplünderung des deutschen Geistes durch die Nazis ist an keiner anderen Stätte physisch so drastisch manifest geworden wie in der Entleerung des eben fünfundzwanzig Jahre alten letzten stolzen Wilhelminischen Gebäudes; seine Stigmatisierung hat sich unauslöschlich durch die Bücherverbrennung vor ihren Toren in unsere Erinnerung eingeprägt, und seine Entwurzelung und Zerstreuung wird so sinnfällig wie nirgend sonst in der Zerreißung und Zerstörung eines über Jahrhunderte gewachsenen Organismus, der die *Deutsche Staatsbibliothek* wie das deutsche Bibliothekswesen insgesamt, bewundert von der gesamten geistigen Welt, einmal war, und die für das führende Haus Deutschlands endete in der provisorischen Bergung der Schätze in mehr als dreißig Fluchtorten, an denen vorbei alsbald Millionen von deutschen Flüchtlingen hasteten. Deutschland wie das zusammenwachsende Europa wird die ungelöste Frage der Rückführung deutscher Kulturgüter genauso wie die Folgen von Nazismus und Kriegsentfesselung erst in den kommenden Jahrzehnten ganz einholen, und der Dresdener, der Hamburger, der Leipziger Schätze zum Trotz wird sie an denen der *Berliner Staatsbibliothek* als denen unserer alten und neuen Hauptstadt ausgekämpft werden. Auch in diesen Horizont muß die Debatte um den *Ihne-* und den *Scharoun-Bau* eingerückt werden.

Was nun ihrer beider Aufgaben angeht, und nur von einer Gemeinsamkeit kann vernünftig, legitim und verantwortlich geredet werden, so liegen die Maximen so klar vor Augen, daß sie eigentlich immer wieder nur formuliert werden brauchen, damit das Plausible und Konsensfähige sogleich hervortritt. Wir sind Zeugen des imponierenden und erfreulich rasch voranschreitenden Aufbaus der dezentralen und zeitlich segmentierten Deutschen National-Archive in München, Wolfenbüttel, Göttingen, Frankfurt am Main und Berlin in der besten Tradition des deutschen Regionalismus. Er darf und kann uns nicht daran hindern, parallel dazu in unserer Hauptstadt einen andersartigen und gleich notwendigen Weg zu beschreiten, wenn anders wir endlich Ernst machen wollen mit dem von den Politikern täglich bekräftigten Vorsatz, verlorenes Terrain als Kulturstaat wiederzugewinnen. Jeder aktive Forscher in den Geisteswissenschaften – und nur für diese Spezies kann hier gesprochen werden – weiß, was es bedeutete, daß sich unsere größte Bibliothek in der alten Bundesrepublik, die *Bayerische Staatsbibliothek* in München, zum Vorsatz gemacht hatte, die Weltbuchkultur und insonderheit diejenige Europas für einige Dezennien so komplett als möglich einzukaufen. Ich habe keine größere Arbeit abgeschlossen, ohne vorher nach München gereist zu sein und mich umzutun, so wie ich keine historische Untersuchung angelegt habe, ohne seit den frühen sechziger Jahren den Realkatalog der *Berliner Staatsbibliothek Unter den Linden* zu konsultieren – stets freundlich aufgenommen und deshalb bleibend dankbar. Was München war und hoffentlich bleibt, muß Berlin in noch größerem Maßstab und Umfang werden: ein universales Schatzhaus des Buches in zwei Häusern, zeitlich im Gleichschritt nach vorne wie nach hinten ausschreitend, die unerhörte Gunst des geschichtlichen Wiederzusammenwachsens unseres Landes inmitten Europas dadurch besiegelnd und wiederum symbolisch bekräftigend, daß die zwei gleich imponierenden Bauten, einst durch die Mauer in zwei Welten getrennt, die Aufhebung der Grenze und die wiedergewonnene Einheit durch eine schlechterdings schrankenlose Universalität im Weltreich des Buches beantworten.

Wir Geisteswissenschaftler also wünschen uns in dem *Scharounschen Bau* die weltweite Buchproduktion seit der zweiten Hälfte dieses Jahrhunderts so komplett, so wohlgegliedert, so benutzerfreundlich erschlossen wie irgend möglich beieinander, um einmal auch in Deutschland so arbeiten zu können, wie wir es von Paris oder London oder Washington, aber im Grunde doch auch von der *New York Public Library*, von Harvard und Yale oder aber von Stanford, Berkeley, Los Angeles und durchaus eben insgesamt auch von München gewohnt sind. Kein noch so traumhaft schönes digitales Buch in der virtuellen Bibliothek kann den Genuß, die Befriedigung und sehr rasch und unversehens auch die wissenschaftliche Notwendigkeit ersetzen, wenigstens an einer Stelle unseres großen Landes die Bücher der Weltkultur in ihrer physischen Gestalt selbst in die Hand nehmen und unter den tausend möglichen und nie vorhersehbaren Aspekten studieren zu können.

Und auf der anderen Seite das so junge und doch inzwischen dank der Geschichte so ehrfurchtgebietende Haus *Unter den Linden*. Es soll zunächst einmal die Stätte sein, an der alle Bücher wieder versammelt sind, welche die Katastrophe überlebt haben und heute teilweise noch in Krakau oder Lodz, in Moskau oder St. Petersburg und wo sonst stehen. Von dieser Europa und seiner Überlieferung einzig würdigen Forderung abzulassen, kann niemand hinnehmen, der dafür kämpft, daß die inkommensurablen Verbrechen der Nazis dem Bewußtseins Deutschlands implantiert bleiben und Denken und Handeln steuern.

Doch damit nicht genug. Ich wünsche mir von der *Deutschen Staatsbibliothek Unter den Linden*, daß sie nach jedem verlorenen und nicht mehr nachweisbaren Buchtitel weltweit fahndet, wo immer möglich ein Exemplar ausfindig macht, dieses im filmischen Substitut wiedererwirbt und in den alten systematischen Katalog, dieses imposanteste Denkmal deutscher Wissenschaft und bibliothekarischer Sachkunde einträgt und wie bis in das Jahr 1939 hinein jedem qualifizierten Benutzer wieder zugänglich macht. Doch auch damit nicht genug. Ob in der originären Form des Buches oder ob in anderweitiger medialer Gestalt, bleibt es Bestimmung des Hauses *Unter den Linden*, den retrospektiven Sammelauftrag der alten *Preußischen* bzw. *Deutschen Staatsbibliothek* so einfallsreich, so kompromißlos und so universal wie einst wieder aufzunehmen, weiter zu entwickeln und gegenüber den politischen Instanzen mit einer kompetenten Helferschar im Bunde unverdrossen und nie ermüdend oder resignierend zu artikulieren, hat man doch die unerschütterliche Gewißheit auf der eigenen Seite, damit dem Lande und seiner Zukunft weitsichtiger und dauerhafter zu dienen, als mit den kurzsichtigen perspektivlosen Aktionen unter dem Diktat der knappen öffentlichen Mittel.

Sollte es dann überdies gelingen, den verschandelten, durch einen verbrecherischen Abriß des Schlosses im Herzen der Stadt gelegenen Platz dadurch einer neuen Bestimmung entgegenzuführen, daß auf ihm eine multimediale kulturelle Schöpfung nach Art des *Centre Pompidou* entstünde – möglichst, ich wage auch diese ketzerische Bemerkung noch, in einem dem alten Schloß angeglichenen Gewande – so wäre auf zwei, drei Kilometern einer imperialen Zeile für das Buch und seine Anrainer geschehen, was einzig würdig der alten und neuen Hauptstadt ist, die nie wieder über Geld und Macht, sondern nur über die immateriellen Güter des Geistes das wieder zu werden vermag, was jeder geschichtsbewußte Deutsche sich hier und heute von ihr verantwortlich und gegen alle Anfechtungen bis hinab zum Bundesrechnungshof ersehnen mag.

RALPH BRESLAU

Zusammenfassung der Podiumsdiskussion

Daran anknüpfend, äußerten anschließend die meisten Teilnehmer, daß ein Gebäude mit so reichhaltigen und bedeutenden Beständen zweifellos ein wichtiges geistiges Zentrum der deutschen Hauptstadt darstellen wird, auch wenn es sicherlich nicht „*die* geistige Mitte Berlins" bildet. Ulrich Raulff betonte hier zurecht, daß Berlin schließlich nicht nur aus einem Mittelpunkt, sondern aus vielen Zentren bestehe, weshalb eine Staatsbibliothek in verschiedenen Häusern ebensowenig negativ zu bewerten sei, wie etwa das föderale Bibliothekssystem der Bundesrepublik. Dieses biete entscheidende Vorteile etwa gegenüber Frankreich, wo nur die Bibliotheque de France hervorragende Möglichkeiten für die Leser biete, aber in der Provinz häufig sehr schlechte Bedingungen herrschten.

Von allen Diskussionsteilnehmern wurde der ambivalente Charakter der wilhelmischen Epoche, in der das Bibliotheksgebäude entstand, hervorgehoben. Die Architektur zeige eine immer etwas einschüchternde Monumentalität, aber symbolisiere auch den Wissenschaftsenthusiasmus des Wilhelminismus. Ein demokratischer Staat dürfe, wie es der Architekt Kleine hervorhob, nicht nur ihm gemäße architektonische Schöpfungen wie den Scharounbau akzeptieren, sondern müsse auch mit einem kaiserlichen Repräsentationsbau als einem bedeutenden Zeugnis aus der deutschen Geschichte umgehen können. Unterschiedliche Gebäude mit unterschiedlichen Möglichkeiten für den Leser sollten als Chance wahrgenommen werden.

Entscheidend sei jedoch die Zukunft der Staatsbibliothek, wurde von allen Diskutanten geäußert, nicht die historische Alterität des Gebäudes. Die Gesprächsteilnehmer waren sich einig, daß beide Gebäude der Staatsbibliothek für bibliothekarische Zwecke gebaut seien und dafür auch genutzt werden müssen. Die Berechnungen des Bundesrechnungshofes wurden, getreu dem von Frau Laurien verkündten Rezept „nicht alles Billige ist auch preiswert" für nicht sehr sinnvoll angesehen. Eine zügige Beseitigung der Mängel diene weitaus eher der Ersparnis. Ein Neubau an einem anderen Standort – so Frau Laurien – würde nämlich in der Regel so teuer in der Kalkulation, daß er nie verwirklicht wird. Eine Projektdiskussion solle daher sinnvollerweise von den bestehenden Gebäuden ausgehen und sich auf die Art der Nutzung und ihre

Verbindung orientieren. Realistische Alternativen zu dem vom früheren Generaldirektor Richard Landwehrmeyer entwickelten Konzept einer historischen Forschungsbibliothek in Haus 1 und einer modernen Informationsbibliothek in Haus 2 wurden in dem Gespräch nicht sichtbar. Es sei keine Notlösung, sondern vielmehr als eine Chance für eine zukunftsorientierte Entwicklung der Bibliothek zu verstehen.

Das bauliche Problem verdecke geradezu die eigentlichen Fragen – nach der sinnvollen Nutzung des Gebäudes in Verbindung mit dem Scharounbau, nach dem Einsatz der neuen Informationstechnologie und nach der Funktionsbestimmung für die Berliner Staatsbibliothek im Rahmen des deutschen Bibliothekswesens. Professor Simon führte hier insbesondere aus, daß nicht so sehr die glanzvolle Vergangenheit als vielmehr die elektronische Zukunft im Mittelpunkt stehen müsse. Die Entwicklung von Serviceangeboten auf der Grundlage moderner Datenkommunikation und der Digitalisierung müsse bei allen Planungen als Endzustand berücksichtigt werden, damit kein „geisteswissenschaftlicher Friedhof" entstehe. Thomas Krüger verknüpfte denn auch die Leitfrage mit dieser Perspektive: die Bibliothek müsse ‚geistige Mitte' in einer vernetzten Gesellschaft sein, eine Mitte der Bildung, die Humboldts Ideale auch für die Informationsgesellschaft des 21. Jahrhunderts realisierbar mache.

Die Staatsbibliothek Unter den Linden an der Nahtstelle zwischen den bis 1989 getrennten Stadthälften biete auch die Möglichkeit – so Professor Meyer – eines mentalen Brückenschlags zwischen Ost und West, der für den Vereinigungsprozeß genutzt werden sollte.

Konkrete Vorschläge wurden z.B. von Thomas Krüger, Dr. Raulff und Professor Simon gemacht:

- Zusammenführung von noch getrennten Abteilungen
- Nutzung des Hauptstadtvertrages zwischen dem Bund und dem Land Berlin für die Staatsbibliothek
- erweiterte Öffnungszeiten auch in den Nachtstunden (wie in USA)
- hoher Benutzungskomfort
- großer Freihandbestand
- Katalogisierung der noch nicht erschlossenen eigenen Bestände
- Erwerbung und Erschließung historischer Bestände ohne regionale und zeitliche Einengung

Gefordert wurde – von Professor Meyer und von Holger Kleine – die Bibliothek in eine urbane Infrastruktur einzufügen, d.h. beispielsweise durch ein Restaurant als Arbeits- und Begegnungsort attraktiv zu gestalten.

Vor allem aber müsse, darin waren sich alle Teilnehmer einig, noch viel mehr in der Öffentlichkeitsarbeit getan werden. Die Bibliotheken spielen in der öffentlichen Diskussion eine sehr geringe Rolle, obwohl sie doch, wie Thomas Krüger treffend bemerkte, die Wissensbasis für die künftige Informationsgesellschaft bildeten. Die finanzielle Förderung von Kultur und Wissenschaft sei in Deutschland, äußerte Professor Meyer, eben nicht so selbstverständlich anerkannt wie die Subventionierung der Landwirtschaft. Frau Laurien plädierte dafür, durch gezielte Öffentlichkeitsarbeit die Sympathie sowohl der „Finanzgewaltigen" als auch die der Bevölkerung allgemein zu gewinnen. Der Präsident der Stiftung Preußischer Kulturbesitz unterstützte diese Ansichten durch seinen Wunsch nach verstärkter Zugänglichkeit und Nutzbarkeit der einmaligen Bestände. Durch Ausstellungen u.a. Aktivitäten werden die Schätze der Bibliothek noch mehr einer interessierten Öffentlichkeit vorgestellt.

Abschließend gab der Moderator, Professor Knopp, seiner Hoffnung Ausdruck, daß bei einem erneuten Kolloquium in einigen Jahren erhebliche Fortschritte zu verzeichnen sein werden, denn „ein Staat der auf sich hält, verläßt nicht eine Staatsbibliothek wie die Staatsbibliothek Unter den Linden.

AUTORENVERZEICHNIS

Prof. Helmut Engel, Landeskonservator, Senatsverwaltung für Stadtentwicklung, Umweltschutz und Technologie, Am Köllnischen Park 3, 10173 Berlin

Prof. Dr. Bernhard Fabian, FBA, Westfälische Wilhelms-Universität, Englisches Seminar, Johannisstr. 12-20, 48143 Münster

Prof. Dr. Martin Fontius, Direktor des Forschungszentrums Europäische Aufklärung, Gregor Mendel-Str. 21/22, 14469 Potsdam

Prof. Dr. Klaus Garber, Universitätsprofessor der Universität Osnabrück, FB Sprach- und Literaturwissenschaft, Forschungsstelle Literatur der Frühen Neuzeit, Neuer Graben 19/21, 49069 Osnabrück

Dr. Antonius Jammers, Generaldirektor der Staatsbibliothek zu Berlin, Preußischer Kulturbesitz, 10102 Berlin

Volker Kähne, Staatssekretär, Chef der Senatskanzlei, 10173 Berlin

Prof. Klaus Dieter Lehmann, Generaldirektor Die Deutsche Bibliothek, Adickesallee 1, 60322 Frankfurt/Main

Florian Mausbach, Präsident der Bundesbaudirektion, Fasanenstr. 87, 10623 Berlin

Prof. Dr. Wolfgang Ribbe, Vorsitzender der Historischen Kommission zu Berlin, Kirchweg 33, 14129 Berlin

Dr. Hans Stimmann, Staatssekretär, Senatsverwaltung für Stadtentwicklung, Umweltschutz und Technologie, Am Köllnischenn Park 3, 10173 Berlin

ABBILDUNGEN

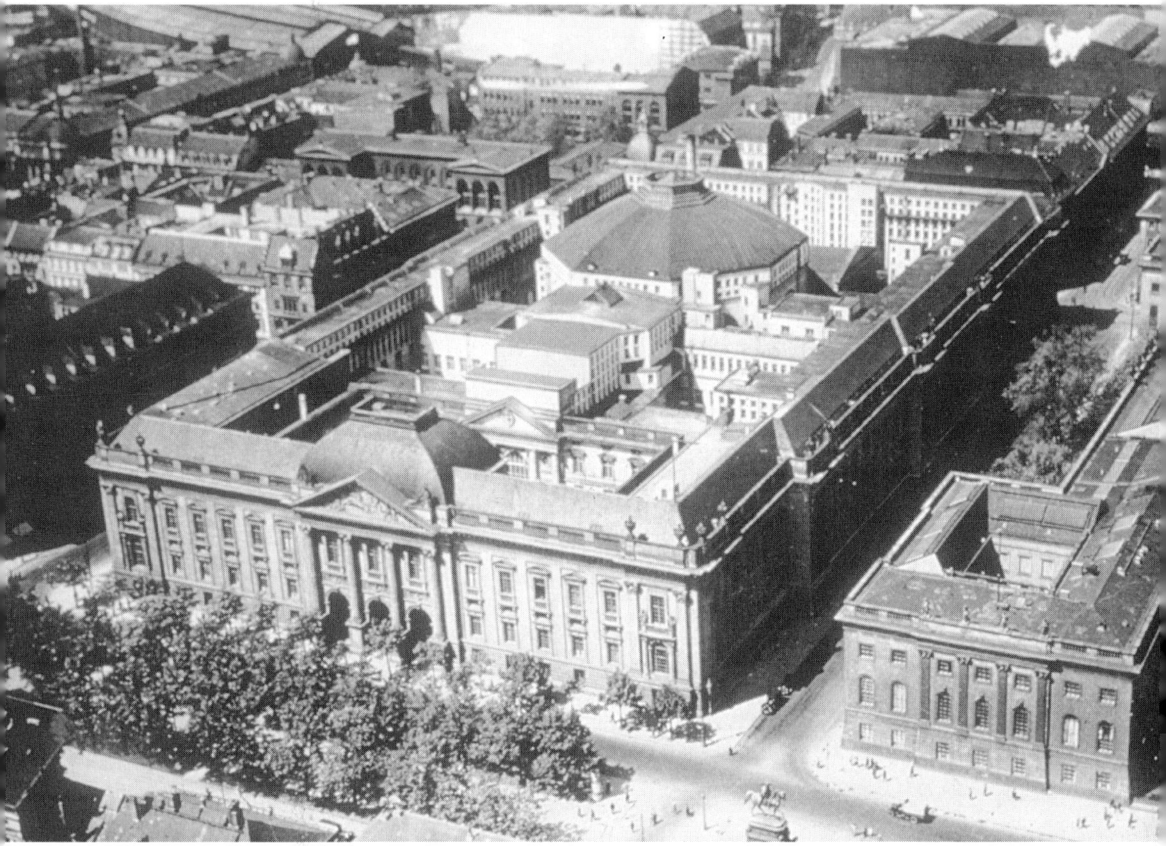